AF542185

UTOPIEN FÜR HAND UND KOPF

NAUTILUS

Martin Luther King

Ich bin auf dem Gipfel des Berges gewesen

REDEN

Inhalt

Der unbekannte Revolutionär – Die überfällige Entdeckung eines radikalen Denkers

Vorwort von Ilija Trojanow

Wer heute die Reden von Martin Luther King zum ersten Mal liest, war wahrscheinlich nicht geboren, als sie gehalten wurden. Oder ein politisch noch nicht interessiertes Kind. Es trennen uns zwei Generationen von ihrer unmittelbaren Wirkung, reichlich Abstand, um ihren Wert und Bestand einzuschätzen.
Der Name des Mannes ist inzwischen Legende, in den USA oft abgekürzt zu MLK, ein Markenprodukt der amerikanischen Geschichte, ein tapferer Kämpfer gegen Ungerechtigkeiten, die nach eigenem Selbstverständnis eigentlich gar nicht hätten existieren dürfen. Nicht zufällig ist seine berühmteste Rede *I Have a Dream* betitelt, eine wortmächtige Erneuerung des amerikanischen Traums. Kein anderes Land der Welt hat einen derart utopischen Entwurf zum nationalen Motto erhoben, was manche zu verächtlichen Kommentaren anregt, andere, wie MLK, zu Visionen inspiriert, diesem Versprechen gerecht zu werden.
Und doch ist dieser radikale Denker in den Jahrzehnten seit seiner Ermordung am 4. April 1968 in Memphis auf den bloßen Bürgerrechtler reduziert worden, der für die Gleichberechtigung der Afroamerikaner kämpfte, auf den Prediger, der – bewaffnet mit dem Wort Jesu – einen massenhaften, aber friedfertigen Widerstand anführte. Diese Positionen sind inzwischen so mehrheitsfähig, dass

wir uns nur schwerlich vorstellen können, wie mühsam sie vor einem halben Jahrhundert im angeblich freiesten Land der Welt, in dem ein Teil der Bevölkerung damals nicht wahlberechtigt war, erstritten werden mussten.

Auch der christliche Pazifismus von Martin Luther King wird – theoretisch zumindest – weithin respektiert, wenn auch in einer eindimensionalen Version: die Bürger und Bürgerinnen haben die andere Wange hinzuhalten, der Staat darf gelegentlich zuschlagen.

Wer nun diese Reden aus den letzten Jahren seines Lebens aufmerksam liest, wird feststellen, dass Martin Luther Kings Vorstellung von Emanzipation weit über das Erkämpfen der Bürgerrechte für eine Minderheit hinausreichte und seine Idee des zivilen Ungehorsams viel mehr war als nur ein Mittel des Protests. Der indische Friedensaktivist Satish Kumar, der MLK in seinem Haus in Atlanta aufsuchte, zitiert ihn mit folgenden Worten:

»Meine Gewaltlosigkeit hat eine revolutionäre Qualität, die bis in die hintersten Winkel des menschlichen Bewusstseins reicht.« Er war ein Pazifist, der den Krieg gegen Armut und Ausbeutung propagierte, ein Prediger, der lähmende Verzweiflung in beflügelnde Hoffnung verwandelte. Und sein Verständnis von Liebe, oft beschworen in jenem Südstaatensingsang, der das Anhören seiner Reden zu einem ästhetischen Vergnügen macht, war weit entfernt von esoterischem Wabern oder Hippieromantik. Für Martin Luther King hatte Liebe ein eindeutiges öffentliches Gesicht: Gerechtigkeit.

Die Porträts kanonisierter Helden werden einseitig gezeichnet, bevor sie an die Wände autorisierter Erinnerung gehängt werden (Frauen erfahren dieses dubiose Privileg erst gar nicht). Nelson Mandela gilt als der große Versöhner, nicht aber als Anführer des ANC im bewaffneten Widerstand. Mahatma Gandhis Konzept von *sarvodaya* – Wohlstand für alle – wird viel seltener angeführt als sein antikolonialer Salzmarsch. Und Martin Luther King ist der allseits verehrte Bürgerrechtler (zu dessen Gedenken in den USA sogar ein nationaler Feiertag eingeführt wurde), nicht aber der zunehmend vereinsamte Streiter für eine grundlegendere Lösung der sozialen Konflikte, ein zunehmend radikaler Verfechter einer umfassenden Umwälzung der Gesellschaft.

Das FBI titulierte ihn zeitweise als »den gefährlichsten Mann in Amerika«.

MLK war ein Mann des Denkens, und dieses veränderte sich; er war ein Mann des Wortes, und dieses wandelte sich. Die bürgerrechtlichen Erfolge waren ihm Motivation für neue Aufbrüche. Nachdem die Gleichberechtigung legal etabliert war, wandte er sich der viel größeren Herausforderung zu, diese ökonomisch durchzusetzen, mit anderen Worten wahre wirtschaftliche Demokratie zu erkämpfen. Die Unruhen, die zwischen 1964 und 1967 die amerikanischen Großstädte von Birmingham, Memphis, Atlanta, Albany und Jackson / Mississippi über Los Angeles bis nach Chicago und New York erschütterten, überzeugten ihn, dass die Bewegung viel mehr tun müsse, um die Menschen aus den Gettos ihrer Chancenlosigkeit zu befreien. »Ich identifiziere mich von nun an mit den Armen«, predigte er im August 1966, »selbst wenn dies bedeutet, für sie zu sterben. Ich habe eine Stimme gehört, die mir sagte: Tu etwas für andere.«

Schon diesen wenigen Worten ist zu entnehmen, dass Martin Luther Kings Vision stets getragen wurde von der Kraft des Glaubens. Als afroamerikanischer Baptistenpastor war er durchdrungen von einem prophetischen Feuer, das Bibelworte zu flammenden Reden entzündete. Seine Lesart und Darlegung neutestamentarischer Parabeln ruft in Erinnerung, wie sozialrevolutionär das frühe Christentum gewesen sein muss. Doch im Gegensatz zu manch anderen rhetorischen Brandfackeln auf sonntäglicher Kanzel verwandelte King prophetisches Feuer in potente Organisation. Seine visionären Entwürfe haben stets etwas Handfestes an sich, sie enthalten stets auch einen Plan für ihre Verwirklichung.

Was aber seinen Reden ihre größte Aktualität verleiht, ist die Tatsache, dass er immer wieder innehält, um über grundsätzliche Positionen und Haltungen nachzudenken. Ob er bei seiner Auseinandersetzung mit den Black Panthers (denen er sich in manchen Punkten annähert) die Machtfrage stellt oder über die Erfolgsaussichten eines bewaffneten Kampfs sinniert, ob er über das Tempo von Veränderung spricht und jene in die Schranken weist, die für einen Reformkurs im Schneckentempo plädieren, oder die Verteilung von Wohlstand problematisiert – seine

Anregungen können all jene ermutigen und bereichern, die tagein, tagaus gegen die allgegenwärtige Lethargie, Bequemlichkeit und Ängstlichkeit ankämpfen. Am Ende eines enorm aktiven und erfolgreichen Lebens gelangt er zu dem Ergebnis, dass weder Kapitalismus noch Kommunismus der Würde des Menschen angemessen sind. Er war gerade dabei, seine Vorstellungen von einem »demokratischen Sozialismus« weiter zu entwickeln, als er von der Kugel eines Attentäters niedergestreckt wurde.

Martin Luther King, der Löwe unter den gewaltfreien Rebellen, wünschte sich in einer Predigt am 4. Februar 1968 in Atlanta, dass er nach seinem Tod als »Tambourmajor für Gerechtigkeit, für Frieden, für Rechtschaffenheit« bezeichnet wird. Dieser Trommler hat gezeigt, wie Träume der Realität eingepflanzt werden können. Und das ist die Essenz des utopischen Denkens.

Ilija Trojanow
Februar 2016

Die Krise in den Großstädten Amerikas

Eine Analyse der sozialen Unruhen und ein Aktionsprogramm gegen Armut, Diskriminierung und Rassismus im städtischen Raum,
Southern Christian Leadership Conference,
Atlanta, Georgia, 15. August 1967

Man wird sich noch des Langen und des Breiten darüber ergehen, wie es zu den Getto-Unruhen kam. Hinsichtlich der Schuldfrage aber hat Victor Hugo schon vor hundert Jahren zwei Sätze zu Papier gebracht, die scharfsinniger und prägnanter kaum sein könnten:

»In einer Seele voll Finsternis ist die Sünde am Werk. Strafbar ist aber nicht der Sünder, sondern der, der die Finsternis schafft.«[1]

Die Finsternis haben die Entscheidungsträger der weißen Gesellschaft geschaffen. Ihretwegen gibt es Diskriminierung. Ihretwegen gibt es die Slums. Ihretwegen sind Arbeitslosigkeit, niedriger Bildungsstand und Armut zu einem Dauerzustand geworden. Es ist unbestreitbar und verwerflich, dass Schwarze Verbrechen begangen haben, aber diese Verbrechen haben ihren Ursprung in den schwereren Verbrechen der weißen Gesellschaft. Wenn wir die Schwarzen zu Gesetzestreue auffordern, dann lasst uns auch darauf hinweisen, dass es um die Gesetzestreue der Weißen, was die Gettos betrifft, schlecht bestellt ist. Tagein, tagaus verstoßen sie gegen die Sozialhilfegesetze, um den Armen das bisschen, das man ihnen zuerkannt hat, auch noch zu nehmen. Sie setzen

1 Victor Hugo, *Die Elenden (Les Misérables)*, zitiert nach der Übersetzung von Hugo Meier, Manesse Verlag: Zürich 1997, S. 24; A. d. Ü.

sich in eklatanter Weise über Bauvorschriften hinweg. Ihre Polizei ergreift Maßnahmen, die allem Recht hohnsprechen. Sie verletzen jene Gesetze, die gleiche Arbeitsmarkt- und Bildungschancen sowie eine unterschiedslose Versorgung durch die städtischen Betriebe vorsehen. Die Slums sind Auswuchs eines brutalen Systems der weißen Gesellschaft. Wenngleich die Schwarzen darin wohnen, so sind doch die Slums ebenso wenig ihr eigenes Werk wie ein Gefängnis das Werk eines Gefangenen ist.

Lasst es uns laut und deutlich sagen: Würde man einmal alle Gesetzesbrüche aufzählen, die sich die Weißen in Bezug auf die Slums über die Jahre geleistet haben, und sie jenen Gesetzesbrüchen gegenüberstellen, zu denen es während der Ausschreitungen gekommen ist, dann wäre klar, dass sie, die Weißen, hier die Gewohnheitsverbrecher sind.

Nachdem wir die Grundursache der Unruhen benannt haben, können wir uns nun Punkt für Punkt den unmittelbaren Auslösern zuwenden, als da wären:

1. Die Gegenreaktion der Weißen
2. Arbeitslosigkeit
3. Allgemeine Diskriminierung
4. Krieg
5. Die Großstadtverhältnisse: Verbrechen, familiäre Probleme und der starke Zustrom von Migranten[2]

2 Gemeint sind die Schwarzen aus dem ländlichen Süden der USA; A. d. Ü.

Die Gegenreaktion der Weißen steht deshalb an oberster Stelle, weil die Unruhen, bedingt durch die Beleidigungen, denen die Schwarzen ausgesetzt sind, und die ganze Verdorbenheit dieser Gegenreaktion, auch emotionale Ursachen haben. Es wird immer wieder darauf hingewiesen, dass in den letzten Jahren doch Fortschritte erzielt wurden, und das stimmt natürlich. Tatsache ist aber auch, dass ein nicht unbedeutender Teil der weißen Bevölkerung auf diese Entwicklung animalisch reagiert hat. Mitten in jener fortschrittlichen Zeit wurden Schwarze in den Südstaaten ermordet, und zynische weiße Geschworene sprachen die Angeklagten automatisch frei. In Chicago wurden Schwarze letztes Jahr von tausenden skrupellosen, mordgierigen weißen Rowdies mit Steinen und Flaschen beworfen, nur weil sie den Wunsch zu äußern gewagt hatten, Nachbarn zu sein. Den Schwarzen wurde erklärt, ihr Fortschritt habe Grenzen, und sie hätten sich damit abzufinden, für immer schlechter gestellt, für immer arm zu sein. Die Schwarzen dürften Fortschritt nicht mit Gleichstellung verwechseln; wahre Gleichstellung werde bis zum Tod bekämpft. Schwarze, die darüber außer sich gerieten, brachten mit den sogenannten Unruhen ihrerseits zum Ausdruck, dass von jetzt an die Ungleichheit bis zum Tod bekämpft werde.

Als zweiten Punkt habe ich die Arbeitslosigkeit genannt. Sie ist insofern wesentlich, als sich ohne sie kaum jemand zum Randalieren einfände.

Laut Regierungsangaben beträgt die Arbeitslosenquote unter Schwarzen in manchen Großstädten fünfzehn Prozent, bei den Jugendlichen teilweise sogar dreißig bis vierzig Prozent! Es ist kein Zufall, dass die Jugendlichen bei allen Unruhen die Hauptrolle spielten. Dass sie, die ihr Leben noch vor sich haben, in Rage versetzt und rebellisch werden, wenn man ihnen ständig die Tür vor der Nase zuschlägt, sollte eigentlich niemanden verwundern, zumal wenn ausgerechnet die Nation, die die Jugendlichen vernachlässigt, so gern mit ihrem Reichtum, ihrer Macht und ihrer Weltvorherrschaft prahlt. Und doch vergeuden fast vierzig Prozent der schwarzen Jugendlichen ihr trostloses Leben damit, an Straßenecken herumzustehen.

Ich habe die Schaffung einer Bundesbehörde angeregt, die jedem Arbeitsuchenden umgehend zu einer Anstellung verhelfen würde. Die Anleitung sollte während der Arbeit erfolgen, nicht separat und nicht ohne Zusicherung einer Anstellung, bei der das Gelernte zur Anwendung käme. Nichts

ist sozial unverzeihlicher als Arbeitslosigkeit in der heutigen Zeit. In den dreißiger Jahren, als die Nation bankrott war, wurde eine solche Einrichtung geschaffen: die WPA.[3] Heutzutage, wo die Nation Ressourcen im Überfluss hat, ist es barbarisch, arbeitswillige Menschen zu deprimierendem Nichtstun und einem Leben in Armut zu verdammen.

3 *Works Progress Administration*, gegründet auf Veranlassung von Präsident Franklin D. Roosevelt im Rahmen des *New Deal*; A. d. Ü.

Ich bin überzeugt: Ein einziges untrügliches Zeichen der Verantwortlichkeit würde mehr dazu beitragen, die Unruhen zu beenden und den Hass zu überwinden, als das denkbar größte Truppenaufgebot. Ein solches Zeichen zu setzen, erfordert allerdings staatsmännischen Weitblick, und ob der in Washington vorhanden ist, wage ich zu bezweifeln. Hugo hätte das Amerika des zwanzigsten Jahrhunderts im Sinn haben können, als er sagte, dass »es in den unteren Gesellschaftsklassen stets noch mehr Elend gibt als in der oberen Brüderlichkeit«.[4]

4 Victor Hugo, *Die Elenden (Les Misérables)*, zitiert nach der Übersetzung von Hugo Meier, Manesse Verlag: Zürich 1997, S. 17; A. d. Ü.

An dritter Stelle steht die Diskriminierung, die alle Lebensbereiche des Schwarzen durchdringt. Sie stößt ihn von der wirtschaftlichen Leiter, nachdem er ein paar Sprossen erklommen hat. Sie lähmt seinen Tatendrang und verletzt ihn in seiner Würde. Nicht einmal die wenigen Schwarzen, die es zu wirtschaftlicher Sicherheit bringen, vermögen sich Respekt zu verschaffen, weil die Diskriminierung in den höheren Etagen wiederum andere Türen vor ihnen verschließt.

Die Diskriminierung ist ein Höllenhund, der jeden Tag von früh bis spät an den Schwarzen nagt, um sie daran zu erinnern, dass die Mär von ihrer Minderwertigkeit in der sie dominierenden Gesellschaft als die Wahrheit gilt.

Als vierten Punkt habe ich den Krieg in Vietnam aufgeführt. Nicht genug damit, dass Schwarze doppelt so oft zu den Kampfeinheiten abkommandiert werden; sie müssen sich auch noch anhören, die Milliarden, die nötig wären, um ihr Leben auf eine neue Grundlage zu stellen, würden für militärisches Engagement im Ausland gebraucht. Die Demokratie im eigenen Land wird knappgehalten, damit einem anderen Land ein demokratischer Anstrich verpasst werden kann. Diktatoren, Oligarchen kommen in den Genuss unserer Ressourcen, damit sie ihre Herrschaft aufrechterhalten können, was täglich mit achtzig Millionen Dollar zu Buche schlägt, aber zehn Prozent davon für die Armutsbekämpfung auszugeben, das können wir uns nicht leisten.

Nie zuvor ist ein amerikanischer Krieg auf so viel Ablehnung gestoßen. Inzwischen ist eine klare Mehrheit in unserem Land gegen diesen Krieg, und die überwältigende Mehrheit der Weltbevölkerung ist es ebenso.

Das unmoralische, irrsinnige Streben nach Eroberung gegen den Willen eines Volkes kann den Respekt vor der Regierung nur schmälern. Die vom Staat im Stich Gelassenen verlieren nicht nur die Achtung vor der Regierung. Sie fangen an, sie zu verachten. Zynismus macht sich breit.

Wie ich letzten Dezember vor dem Senat sagte: »Die über Vietnam abgeworfenen Bomben explodieren in unserem eigenen Land. Die Sicherheit, die wir vorgeblich durch Abenteuer im Ausland herzustellen suchen, werden wir in unseren dem Verfall preisgegebenen Großstädten einbüßen.«

Es gibt keinen Grund, an dieser Prophezeiung auch nur ein einziges Wort zu ändern; sie bedarf vielmehr der Bekräftigung. Gleichzeitig gegen die eigene Bevölkerung und eine andere Nation Krieg zu führen, das ist der Gipfel an politischem und gesellschaftlichem Bankrott.

Als fünften und letzten Punkt habe ich die Großstadtverhältnisse genannt. Das Verbrechen ist in den Großstädten gut organisiert und bringt eine zahlenmäßig starke Unterschicht hervor. Gaunereien sind das Big Business des Gettos, mit unzähligen Angestellten. Jedes Mal, wenn es zu Unruhen kommt, wird daraus Kapital geschlagen. Die Slums sind für das organisierte Verbrechen ein sicheres Rückzugsgebiet – mit stillschweigender Duldung, wenn nicht gar Verstrickung der Polizei. Es gehört einfach zum Alltag dazu, es vergiftet die Jugend und treibt die Erwachsenen zur Verzweiflung. Es führt dazu, dass sich eine bedeutende Anzahl von Berufsverbrechern an den Unruhen beteiligt, was die Lage nur weiter verschärft. Wenn sich diese Kriminellen mit denen zusammentun, die in die Armut abgerutscht sind beziehungsweise alles verloren haben – und auch sie gibt es in den Slums zuhauf –, dann entsteht daraus eine große asoziale Kraft.

Die Großstädte leiden auch unter dem chaotischen Zustrom von Schwarzen. Obwohl in den letzten zehn Jahren allgemein bekannt war, dass Millionen Schwarze ohne Schulbildung ihre Heimat[5] würden verlassen müssen, wurde kein nationales Programm zu ihrer Unterstützung aufgelegt. Im neunzehnten Jahrhundert vergab die Regierung Kredite und Land an die weißen Einwanderer. Zu Beginn des zwanzigsten Jahrhunderts half eine ganze Reihe von Sozialagenturen den Neuankömmlingen beim Zurechtkommen in der Großstadt. Die Wirtschaft nahm die weißen Arbeiter bereitwillig auf; sie wurden in Fabriken beschäftigt, erhielten eine Ausbildung. Gewiss, die weißen Einwanderer mussten Hindernisse überwinden und Entbehrung leiden, aber mit ihnen ging es aufwärts; man nahm sich ihrer an.

Der Schwarze war bei seiner Migration in die Großstadt auf sich allein gestellt. Extreme Ausbeutung und Diskriminierung machten ihm das Leben schwer. Er stand arbeitslos und ungebildet da, verachtet wie keine amerikanische Minderheit je zuvor. Wie E. Franklin Frazier in seiner Studie über die schwarze Familie in den USA dargelegt hat, sollte dem Schwarzen in der Großstadt deshalb vor allem eines widerfahren: Unheil.[6]

Mit der Benennung der Ursachen wäre auch schon der Weg aus der Krise aufgezeigt. Unser Problem besteht allerdings nicht darin, dass wir nicht wüssten, was zu tun wäre. Unser eigentliches Problem besteht vielmehr darin, dass Regierung und Kongress keine Neigung verspüren, überhaupt irgendwelche Maßnahmen zur Krisenbewältigung zu ergreifen, wenn man einmal von den polizeilichen

5 Gemeint sind die Südstaaten der USA; A. d. Ü.

6 Edward Franklin Frazier (1894–1962), bedeutender afroamerikanischer Soziologe. King bezieht sich hier auf dessen Hauptwerk, *The Negro Family in the United States*, und zwar insbesondere auf den Teil mit der Überschrift »In the City of Destruction«; A. d. Ü.

absieht. Tragischerweise grassiert der Rassismus im Kongress stärker als in der amerikanischen Bevölkerung. Den Kongress um Gefallen zu bitten, ist zwecklos. Er muss vielmehr zu der Einsicht gebracht werden, dass er sich, wenn er schlau ist, verantwortungsbewusst und anständig verhält.

Manche Leute halten Ausschreitungen für das richtige Mittel. Wir sollten vielleicht einmal näher beleuchten, welcher Art die Unruhen sind.

Sie machen zuallererst deutlich, dass uns die Zeit schneller davonläuft, als viele von uns gedacht haben. Die Geduld ist bald erschöpft, und aufgrund der Unnachgiebigkeit und Feindseligkeit der Regierenden – auf nationaler, bundesstaatlicher wie kommunaler Ebene – ist die Stimmung zunehmend explosiv.

In den Ausschreitungen schlicht eine Schreckensherrschaft oder Verbrechensserie zu sehen, wäre falsch, obwohl beide Elemente teilweise vorhanden sind. Die Ausschreitungen sind auch ein hochemotionaler Protest und der verzweifelte Versuch, die Aufmerksamkeit auf die seelische Not vieler Schwarzer zu lenken. Diejenigen, die sich aktiv an den Ausschreitungen beteiligten, waren zum überwiegenden Teil in bemerkenswertem Maße darauf bedacht, zu verhindern, dass Menschen zu Schaden kamen, und machten ihrem Zorn stattdessen mit der Entwendung oder Zerstörung von Eigentum Luft.

Diese Vorgehensweise ist nicht ohne Ironie: Eine Gesellschaft, in der Eigentum mehr wert zu sein scheint als ein Menschenleben, eine solche Gesellschaft kann man kaum empfindlicher treffen als mit Übergriffen auf ihr Eigentum.

Die Unruhen stellen keinen Aufstand dar, denn Aufstände sind organisiert und länger als nur für ein paar Tage durchzuhalten. Unruhen hingegen brechen aus, wenn Bitterkeit sich entlädt; sie sind deshalb auch schnell wieder vorbei.

Wir haben uns noch nicht darauf verständigt, wie wir die Slumreform angehen wollen. Im Süden haben wir mit Erfolg zehn Jahre lang neue gewaltfreie Methoden angewandt. Aber im Hinblick auf die Großstädte im Norden ist es uns nicht gelungen, in der gebotenen Eile geeignete kreative Arbeitsmethoden zu entwickeln. Deshalb griff eine verzweifelte, praktisch führerlose Menschenmasse schließlich zu gewaltsamen Mitteln, ohne ein Programm zu haben.

Was für eine Führung ist also nun gefragt? Aber klären wir zunächst einmal den Begriff. Man kann es weder als Führung noch als Programm bezeichnen, wenn selbsternannte Revolutionäre den Aufstand ausrufen. Insofern als gegenwärtig nur die wenigsten Schwarzen bereit sind, ihr Leben dem bewaffneten Aufstand zu weihen, ist es rücksichtslos, darauf zu drängen, und wer es dennoch tut, wirft sich bloß in Positur. Selbst wenn man, anders als ich, gegen eine bewaffnete Revolte an sich nichts einzuwenden hätte, muss man doch bedenken, dass sie nur dann ein gangbarer Weg zum Abschütteln eines Jochs sein kann, wenn die Bevölkerung sie hinreichend unterstützt. Sie verwandelt sich nicht dadurch in wirkungsvolle Politik, dass einige Wenige darauf schwören. Der Aufruf zur Revolte hat nicht einmal aufklärerischen Wert, denn wenn sie angesichts mangelnden Rückhalts in der Bevölkerung zum Scheitern verurteilt ist, kann dies die Verzweiflung und Ohnmacht nur vertiefen. Jedes militante Vorgehen, sei es friedfertig oder gewalttätig, muss Früchte tragen, wenn es weitere Anhänger gewinnen soll.

Andererseits: Wenn sich Sprecher der Konservativen hinstellen und den zornigen Schwarzen sagen, sie dürften bei der weißen Mehrheit keinen Anstoß erregen, dann kann man das ebenfalls weder als Führung noch als Programm bezeichnen. Die Schwarzen werden ihre Rechte selbst bei vollständigem Gewaltverzicht kaum erlangen können, ohne dass Weiße sich dadurch gestört fühlen. Allzu viele Weiße, die Ruhe fordern, fordern in Wirklichkeit Ungleichheit. Doch hüten wir uns vor Verallgemeinerungen. Es ist ein gutes Zeichen, dass viele einflussreiche weiße Elemente während der jüngsten Ausschreitungen nicht in Hysterie verfielen. Einige überaus angesehene Zeitungen, Zeitschriften, Kommentatoren und Fernsehsendungen konzentrierten sich auf die wesentlichen Ursachen und forderten grundlegende Reformen, anstatt nach Rache zu schreien oder eine gewaltsame Niederschlagung zu verlangen. Traurigerweise erwies sich die schwarze Presse teilweise als rückständiger als so manche weiße Zeitung.

Der Kongress und die Regierung meinen, die Lösung bestehe in erster Linie in Polizeimaßnahmen. Ideen dieser Art sind jedoch sattsam aus dem Jahr 1919 bekannt, als es in Washington zu Ausschreitungen kam. Der *Herald Tribune* rief seinerzeit nach einer »verstärkten und besser ausgebildeten Polizei mit einer fähigeren Führung«. Der *New York Globe* nahm die derzeit im Kongress vorherrschende Ansicht – »Ausschreitungen dürfen sich nicht lohnen« – vorweg, als er am 23. Juli 1919 schrieb: »Da gibt es nur eins: die Aufrührer mit Gewalt zur Ruhe bringen. Wir erheben dieser Tage keinen Anspruch darauf, das Rassenproblem zu lösen; damit haben wir es nicht eilig.«

Angesichts der Tatsache, dass man uns jetzt wieder mit der alten Leier kommt, ist es umso bemerkenswerter, wenn einige bedeutende Publikationen weitreichende Reformen verlangen und einen Großteil der Verantwortung bei den Weißen sehen.

Um zu unserer Suche nach der richtigen Taktik zurückzukehren: Wir müssen den bewaffneten Aufstand ablehnen, ganz gleich, ob er allein seiner Schockwirkung wegen oder mit Eroberungsabsichten propagiert wird. Genauso müssen wir es aber ablehnen, unterwürfig an eine Regierung heranzutreten, die für unsere Appelle ohnehin unempfänglich ist.

Angesichts des allgegenwärtigen Zorns im Getto-Alltag lässt sich die Taktik, die bei den Schwarzen im Süden so gut funktionierte – gewaltfreie Demonstrationen und Versammlungen – nicht eins zu eins auf den Norden übertragen. Im Süden zeigten gewaltfreie Aktionen Wirkung, weil dort

jede Form einer von Schwarzen getragenen sozialen Bewegung am Status quo rüttelte. Wenn Schwarze im Süden auf die Straße gingen, kam das schon fast einer Rebellion gleich. In der Großstadt erregt man mit einer Demonstration weniger Aufsehen, weil sie nicht als Rebellion verstanden wird und weil sie im alltäglichen Trubel untergeht; es bedeutet nur, dass vorübergehend noch mehr los ist als sonst. Um den großstädtischen Protest auf eine angemessene Ebene zu heben und ihm eine aggressive, wenn auch gewaltfreie Qualität zu verleihen, bedarf es des zivilen Ungehorsams. Indem man die Abläufe einer Großstadt stört, ohne dabei Sachschaden anzurichten, kann man mehr erreichen als mit Ausschreitungen – es lässt sich länger durchhalten und kommt die Gesellschaft teuer zu stehen, ohne mutwillig zerstörerisch zu sein. Außerdem stellt die Niederschlagung eines solchen Protests für die Regierung eine größere Herausforderung dar. Breit angelegter ziviler Ungehorsam kann Zorn in eine konstruktive und kreative Kraft verwandeln. Es ist sinnlos, Schwarzen zu sagen, sie sollen nicht zornig sein, wenn sie allen Grund haben, zornig zu sein. Zudem ist es für ihren Geisteszustand besser, wenn sie ihren Zorn nicht unterdrücken, sondern ihm auf konstruktive Weise Luft machen und der repressiven Gesellschaft friedlich, aber voller Elan Sand ins Getriebe streuen. Ziviler Ungehorsam kann sich die Militanz zunutze machen, die andernfalls bei Ausschreitungen vergeudet wird – da werden etwa Kleidungsstücke oder Lebensmittel erst entwendet und dann doch einfach liegen gelassen.

Ziviler Ungehorsam wurde im Norden noch nie auf breiter Basis praktiziert. Er wurde selten ernsthaft organisiert und resolut betrieben. Allzu oft wurde er falsch angewandt. Er kam nur zum Einsatz, wenn keine breite Unterstützung vorhanden war und es bloß darum ging, Schlagzeilen zu machen. Der massive Schulboykott der Schwarzen im Norden war die Ausnahme. Er erschütterte das Bildungswesen in seinen

Grundfesten, dauerte aber nur Tage und wurde nie wiederholt.

Wenn so etwas allwöchentlich stattfände und gleichzeitig in Fabriken und an den Fabriktoren in großem Stil Sitzblockaden organisiert würden, um Arbeitsplätze zu verlangen, und wenn überdies zur selben Zeit tausende arbeitslose Jugendliche in Washington kampierten, wie es in den dreißiger Jahren die *Bonus Marchers*[7] taten – wenn diese und andere Maßnahmen ergriffen würden, dann würde die Bewegung ohne das Anzünden eines einzigen Streichholzes und ohne den Gebrauch einer einzigen Schusswaffe ein wahres Erdbeben auslösen. (Bei den *Bonus Marches* war es die Regierung, die die notdürftigen Behausungen der Demonstranten niederbrannte, um sich des Problems des friedfertigen zivilen Ungehorsams zu entledigen.)

7 Arbeitslose Veteranen des Ersten Weltkriegs, die mit ihren Familien in Washington kampierten, um von der Regierung die ihnen zustehenden Boni einzufordern; A. d. Ü.

Die Umsetzung eines solchen Programms ist keine leichte Aufgabe. Ausschreitungen sind einfacher, weil sie keine Organisation erfordern. Damit unsere Methoden greifen, müssen wir massenhaft disziplinierte Kräfte organisieren, deren Eifer und Entschlossenheit nicht nachlassen, bloß weil es keine dramatischen Feuersbrünste gibt.

Dass es zu Ausschreitungen gekommen ist, hat sich die weiße Mehrheit hauptsächlich selbst zuzuschreiben, aber auch wir haben unser Teil dazu beigetragen. Wir haben es versäumt, unsere Brüder in den Slums so zu organisieren, dass sich wirklich etwas bewegt. Sie stehen praktisch führerlos da, während wir interne Meinungsverschiedenheiten austragen, Kompromisse schließen und nur um irgendeines mickrigen Vorteils willen einknicken. Von einem Tag auf den anderen kann man das nicht schaffen, aber ich bin überzeugt: Wenn wir es nur richtig anpacken, werden sich die Ausschreitungen mit zivilem Ungehorsam eindämmen lassen, auch wenn das nicht der Hauptzweck sein kann – schließlich wollen wir die gesellschaftliche Erneuerung und nicht den Erstickungstod der Slums. Sollte es uns auf diese Weise gelingen, das Problem der Ausschreitungen zu lösen, tun wir dem

Machtgefüge damit keinen Gefallen, ersetzen wir sie doch nur durch eine wirkungsvollere Protestform.
Wir sollten auch erkennen, dass uns der zivile Ungehorsam bedeutende weiße Verbündete beschert, die sich entweder direkt an unseren Aktionen beteiligen oder der Sache zumindest wohlwollend gegenüberstehen. Dass es derzeit auch vernünftige weiße Stimmen gibt, liegt daran, dass sich die Krise im städtischen Raum mit der Krise der Schwarzen in den Großstädten überschneidet. Vielen weißen Entscheidungsträgern liegt vielleicht nichts an der Rettung der Schwarzen, aber die Rettung ihrer Großstädte muss ihnen wichtig sein. Die Produktionsleistung wird zum überwiegenden Teil in den Großstädten erbracht. Die meisten weißen Amerikaner leben dort; die Vororte, in die sie fliehen, können losgelöst von den Innenstädten nicht existieren. Deshalb haben mächtige weiße Elemente objektiv Ziele, die sich mit den unsrigen decken.

Ziviler Ungehorsam bedeutet nicht, dass für politische Arbeit kein Raum da ist. Beides gehört zusammen. Umgekehrt eine Beschränkung auf die politische Arbeit zu fordern, ist nicht nur reinste Zeitverschwendung, sondern auch verhängnisvoll. Die Schwarzen sind nicht geneigt, sich so lange in Geduld zu üben, bis schließlich auf dem langsameren, öden, oftmals frustrierenden Weg der Politik Fortschritte errungen werden. Zwar kann man sie dazu anhalten, dies als langfristige Aufgabe zu betrachten, aber sie brauchen das soziale Adrenalin, das der zivile Ungehorsam ihnen verschaffen kann, und sie müssen sofort Verbesserungen sehen. So schwierig es auch sein mag, politische Arbeit mit zivilem Ungehorsam in Einklang zu bringen – es wird uns nichts anderes übrig bleiben, weil die gegenwärtige Lage in den Großstädten nun einmal beides erfordert.
Die weiße Gesellschaft blieb untätig, als die konservative McCone-Kommission nach den Unruhen von Watts[8] vor zwei Jahren warnte: »Wenn die be-

8 Stadtteil von Los Angeles; A. d. Ü.

stehende Kluft nicht bald überbrückt wird, könnte dies unsere Gesellschaft für immer spalten. Die Lage ist so ernst und so brisant, dass sie sich bei ausbleibender Abhilfe weiter zuzuspitzen droht, und dann werden uns die August-Unruhen rückblickend wie der bloße Auftakt zu weitaus schwereren Erschütterungen vorkommen.« Die weiße Gesellschaft blieb untätig, auf Watts folgte Newark, und nach Newark kam Detroit. Wir müssen ihr ins Gewissen reden.

Wir werden sie daran erinnern müssen, was Thomas Jefferson im achtzehnten Jahrhundert sagte: »Mir wird angst und bange um mein Land, wenn ich mir vergegenwärtige, dass Gott gerecht ist.« In der zweiten Hälfte des zwanzigsten Jahrhunderts darf seine Warnung nicht länger in den Wind geschlagen werden.

Jugend und soziale Aktion

Dritter Teil der *Massey Lectures* im kanadischen Rundfunk, gehalten in fünf Teilen, November und Dezember 1967

Als Paul Goodman 1960 sein Buch *Growing up absurd*[9] veröffentlichte, erregte er das Publikum mit seiner Schilderung der erdrückenden Last, die die geistige Leere der heutigen Gesellschaft unserer Jugend aufbürdet. Jetzt, ein paar Jahre später, ist es nicht mehr die geistige Leere, die erschreckt, sondern das geistig Böse.

Heute, 1967, kämpfen, töten und sterben junge Männer Amerikas in asiatischen Dschungeln in einem Krieg, dessen Ziele so verschwommen sind, dass das ganze Volk vor verschiedenen Meinungen brodelt. Man sagt ihnen, sie opferten sich für die Demokratie, aber die Regierung in Saigon, ihr Verbündeter, ist ein Hohn auf die Demokratie, und der schwarze amerikanische Soldat hat die Demokratie noch nie am eigenen Leibe erfahren. Während der Krieg die Jungen im Ausland verschlingt, spielen zu Hause die Unruhen in den Städten die schwarze Jugend gegen junge Soldaten und Polizisten aus; die Rassen- und wirtschaftliche Ungerechtigkeit erschöpft die menschliche Geduld. Wohlstand übersättigt die mittleren und oberen Klassen, während Armut mehr als dreißig Millionen Amerikaner gefangenhält und in manchen ländlichen

9 Dt. erschienen als *Aufwachsen im Widerspruch. Über die Entfremdung der Jugend in der verwalteten Welt*, Verlag Darmstädter Blätter, Darmstadt 1960.

Gebieten des Südens buchstäblich der Hunger umgeht.
Das Verbrechen gedeiht in jeder Gesellschaftsschicht. Krankheiten werden besiegt, die Gesundheit verbessert, und gleichzeitig nehmen Drogensucht und Alkoholismus epidemische Formen an.
Die Abwendung junger Menschen von der Gesellschaft steigt in einem ungeheuren Maß, und Haufen von freiwillig Verbannten tauchen als moderne Zigeuner auf, ziellos und hohl.
Diese Generation ist in einen kalten Krieg verwickelt, nicht nur mit der vorhergehenden Generation, sondern mit den Werten ihrer Gesellschaft. Das ist nicht die vertraute, normale Widersetzlichkeit der Jungen, die nach Unabhängigkeit streben. Es ist ein neuer Zug von erbitterter Feindschaft und verwirrtem Zorn darin, der darauf schließen lässt, dass es um lebenswichtige Fragen geht.
Das sind noch nie dagewesene Verhaltensweisen; denn unter noch nie dagewesenen Voraussetzungen kam diese Generation zur Welt und wuchs sie heran.
Man kann die Generation der letzten fünfundzwanzig Jahre nicht verstehen, wenn man sich nicht vor Augen hält, dass sie in dieser Zeit unter den Auswirkungen von vier Kriegen gelebt hat: des Zweiten Weltkrieges, des ›Kalten Krieges‹, des Korea- und des Vietnamkrieges. Keine andere Generation junger Amerikaner war je einem auch nur annähernd so traumatischen Erleben ausgesetzt. Und dabei ist das, so aufreibend es seelisch und körperlich sein mag, noch nicht der schlimmste Aspekt des Lebens in der Gegenwart: Diese ist die erste Generation, die in der Ära der Atombombe aufwächst und weiß, dass sie die letzte Generation der Menschheit sein könnte.
Dies ist die Generation nicht nur des Krieges, sondern des Krieges in seiner letzten Offenbarung. Dies ist die Generation, die wahrhaft keinen Ort hat, wo sie sich verstecken, keinen Ort, wo sie Sicherheit finden kann.

Das ist Böses genug, um die Vernunft ins Wanken zu bringen. Und natürlich ist es nicht das einzige Böse. Alles zusammen bildet einen Teil des Nährbodens, in dem sich Charakter und Erfahrung dieser Generation formten. Die Flut des Bösen bietet Antwort genug für jene Erwachsenen, die fragen, warum diese junge Generation so unergründlich, so fremd und oft so launisch sei. Für die jungen Menschen von heute sind Frieden und soziale Ruhe so unwirklich fern wie die Zeiten der fahrenden Ritter.

Unter dem Druck sozialer Mächte, die in ihrer Zeit einzigartig sind, haben sich die jungen Leute in drei Hauptgruppen zersplittert, wobei es natürlich unter diesen dreien gewisse Überschneidungen gibt.

Die größte Gruppe der jungen Leute ist bemüht, sich den vorherrschenden Werten unserer Gesellschaft anzupassen. Ohne große Begeisterung akzeptiert sie das Regierungssystem, die wirtschaftlichen Verhältnisse des Besitzsystems und die sozialen Schichtungen, die diese beiden Systeme erzeugen. Aber auch so ist sie eine tief beunruhigte Gruppe und ein scharfer Kritiker des Status quo.

In dieser größten Gruppe sind soziale Ansichten nicht erstarrt oder entschieden, sondern fließend und suchend. Obwohl alle Untersuchungen der letzten Zeit darauf hinweisen, dass der Vietnamkrieg im Brennpunkt des Interesses liegt, sind die meisten von ihnen nicht bereit, sich der Einberufung zu widersetzen oder bei Fragen um Gewalt oder Gewaltlosigkeit eindeutig Stellung zu beziehen. Und doch wurde ihr Gewissen von dem in der ganzen Welt immer stärker werdenden Gefühl vom Grauen und Wahnwitz des Krieges, vom zwingenden Verlangen, das Leben zu achten, von der dringenden Notwendigkeit, den Krieg als Lösung internationaler Probleme zu überwinden, angerührt. So spiegelt diese Mehrheit, die den Krieg nicht verherrlichen will und die sich in Bezug auf Amerikas militärische Haltung unsicher fühlt, die Verwirrung der größeren Gesellschaft wider, die ihrerseits in einer Art Übergangszustand befangen ist, in dem sie sich allmählich der Erkenntnis nähert, dass der Krieg in der menschlichen Zukunft nicht mehr zu rechtfertigen ist.

Es gibt eine zweite Gruppe junger Leute, die Radikalen. Sie reicht je nach dem Grad, bis zu welchem sie das soziale System ändern will, von gemäßigt bis extrem. Sie alle stimmen darin überein, dass die gegenwärtigen Übel nur durch strukturelle Veränderung beseitigt werden können, da die Wurzeln mehr im System als in den Menschen oder in fehlerhaftem Verhalten liegen. Es sind Radikale neuen Schlages. Nur sehr wenige hängen einer feststehenden Ideologie an; einige borgen sich etwas von alten Revolutionsdoktrinen aus, aber quasi alle lassen ein Urteil darüber, welche Form eine neue Gesellschaft haben müsse, offen. Sie befinden sich in ernsthafter Auflehnung gegen alte Werte, haben aber die neuen noch nicht konkret formuliert. Sie wiederholen nicht einfach frühere revolutionäre Lehrmeinungen – viele von ihnen haben die revolutionären Klassiker nicht einmal gelesen. Ironischerweise rührt ihre Rebellion daher, dass sie auf der Suche nach einer Neuerung innerhalb der bestehenden Gesellschaft entmutigt wurden. Sie versuchten, Rassengleichheit aufzubauen, und stießen auf zähen, bösartigen Widerstand. Sie arbeiteten auf eine Beendigung des Vietnamkrieges hin und erlebten die Vergeblichkeit dieses Unterfangens. So suchen sie denn nun einen neuen Anfang mit neuen Regeln in einer neuen Ordnung. Immerhin muss man gerechterweise zugeben, dass sie vorläufig eher wissen, was sie nicht wollen, als was sie wollen. Ihr Radikalismus wächst, da die heutige Machtstruktur bei der Verteidigung nicht nur ihres sozialen Systems, sondern auch der Missstände, die es enthält, unnachgiebig ist und dadurch natürlich den Widerstand verstärkt.

Welche Haltung nimmt diese zweite, radikale Gruppe der Gewalt gegenüber ein? Kurz gesagt, eine gemischte; es gibt heute junge Radikale,

die Pazifisten sind, und andere, die man Salon-Revolutionäre nennt, die auf der politischen und psychologischen Notwendigkeit der Gewaltanwendung beharren. Diese jungen Gewalttheoretiker verschmähen geflissentlich den Dialog zugunsten der ›Taktik der Konfrontation‹; sie verherrlichen die Untergrundbewegung und besonders deren neuen Märtyrer, Che Guevara, und sie setzen revolutionäres Bewusstsein mit der Bereitschaft zum Blutvergießen gleich. Gibt es aber quer durch die ganze Skala von Haltungen gegenüber der Gewalt einen verbindenden Faden? Ich glaube doch. Alle Radikalen, ob sie Gandhi oder Frantz Fanon lesen, begreifen die Notwendigkeit zu handeln – direkt selbstverändernd und strukturwandelnd zu handeln. Das ist wohl ihre schöpferischste kollektive Einsicht.

Die jungen Leute der dritten Gruppe werden gemeinhin ›Hippies‹ genannt. Sie mögen in direkter Linie von den gestrigen *Beatniks* abstammen. Die Hippies sind nicht nur bunt, sie sind auch vielschichtig, und in mancher Hinsicht beleuchtet ihre extreme Lebensführung die negative Wirkung der sozialen Übelstände auf empfindsame junge Menschen. Obwohl es Varianten gibt, haben jene, die sich zu dieser Gruppe zählen, eine gemeinsame Philosophie. Sie ringen darum, sich von der Gesellschaft zu befreien, als Ausdruck ihrer Ablehnung dieser Gesellschaft. Sie sagen sich von der Verantwortung einer organisierten Gesellschaft los. Im Gegensatz zu den Radikalen suchen sie nicht Änderung, sondern Flucht. Wenn sie sich gelegentlich einer Friedenskundgebung anschließen, so wollen sie damit nicht die politische Welt verbessern, sondern ihrer eigenen Welt Ausdruck verleihen. Der überzeugte Hippie ist ein bemerkenswerter Widerspruch in sich. Er nimmt Drogen, um sich nach innen zu kehren, weg von der Wirklichkeit, um Frieden und Geborgenheit zu finden. Und dabei hebt er die Liebe als höchsten menschlichen Wert auf den Schild – die Liebe, die doch nur in der Verständigung zwischen Menschen und niemals in der völligen Abgeschiedenheit des Einzelnen gedeihen kann.

Die Bedeutung der Hippies liegt nicht in ihrem unkonventionellen Benehmen, sondern darin, dass einige Hunderttausende junger Menschen, indem sie sich der Flucht vor der Wirklichkeit zuwenden, ein vernichtendes Urteil über die Gesellschaft aussprechen, aus der sie hervorgehen.

Es scheint mir, dass sich die Hippies als Massenbewegung nicht lange halten werden. Sie können nicht überleben, weil im Entrinnen keine Lösung liegt. Einige von ihnen mögen ausharren, indem sie sich zu einer nichtkirchlichen religiösen Sekte konsolidieren; ihre Bewegung weist bereits manche derartigen Züge auf. Andere sehen wir vielleicht einmal utopische Kolonien ins Leben rufen, ähnlich jenen Gemeinden im 17. und 18. Jahrhundert, die von Sekten gegründet wurden, welche die bestehende Ordnung und deren Werte zutiefst verabscheuten. Jene Gemeinden überdauerten die Zeit nicht. Aber sie waren wichtig für die Zeitgenossen, weil ihr Traum von sozialer Gerechtigkeit und menschlichem Wert als ein Traum der Menschheit weiterlebte.

In diesem Zusammenhang ist ein Traum der Hippiegruppe sehr bedeutungsvoll, nämlich ihr Traum vom Frieden. Die meisten Hippies sind Pazifisten, und ein paar haben sich zu einer überzeugenden und psychologisch verfeinerten Friedens-Strategie hindurchgedacht. Und die Gesellschaft als Ganzes ist vielleicht heute eher als vor hundert oder zweihundert Jahren bereit, etwas aus diesem Traum zu lernen, auf das Argument für den Frieden zu hören, nicht als Traum, sondern als praktische Möglichkeit: etwas, das man wählen und bewahren kann.

Aus diesem kurzen Überblick über die drei Hauptgruppierungen unserer jungen Leute sollte klar hervorgehen, dass diese Generation sich in beträchtlicher Gärung befindet. Selbst die große Gruppe, die sich von der Gesellschaft nicht abgewendet hat, stellt grundlegende Fragen,

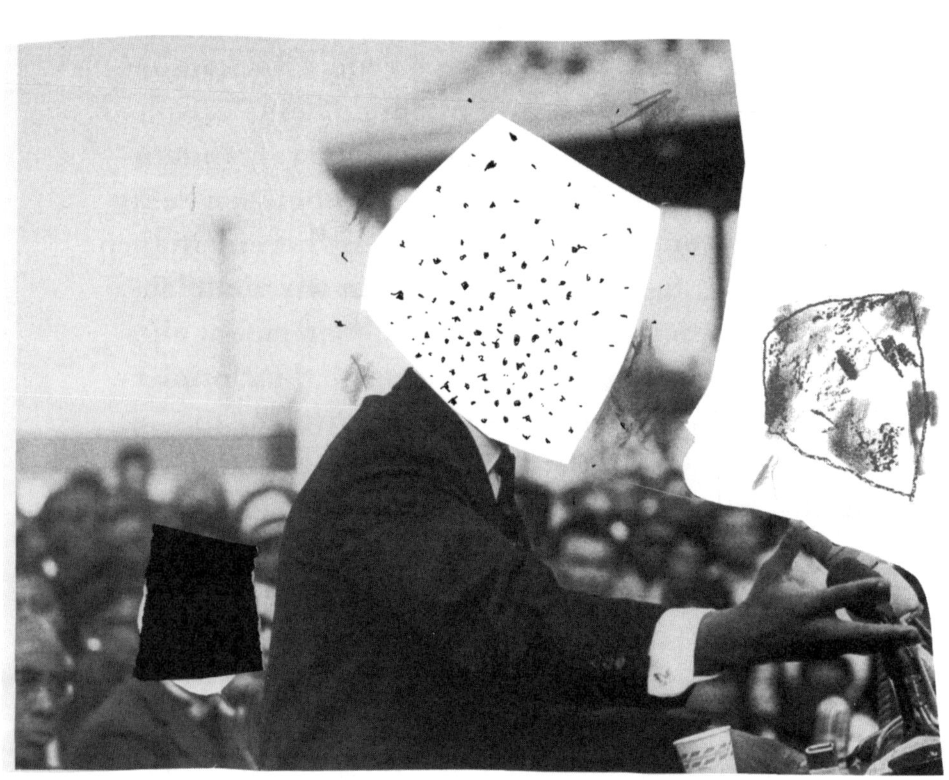

und ihre Rastlosigkeit hilft uns, die Radikalen mit ihren zornigen Protesten und die Hippies mit ihrer systematischen Abkehr zu verstehen.

Wenn die weniger sensiblen Befürworter des Status quo Einwände gegen einige dieser Vorwürfe und Herausforderungen zu machen versuchen, so berufen sie sich meist auf die technischen Wunder, die unsere Gesellschaft vollbracht hat. Das enthüllt jedoch lediglich ihre Armut an Geist. Mammut-Produktionsbetriebe mit Elektronengehirnen, Städte, die die Landschaft verschlingen und die Wolken durchstoßen, Flugzeuge, die beinahe die Zeit selbst überflügeln – sie sind imposant, können aber keine geistige Anregung sein. Nichts in unserer glitzernden Technik vermag den Menschen zu neuen Höhen zu führen, weil materielle Größe zu einem Ziel in sich selbst geworden ist, und wo eine moralische Zielsetzung fehlt, da wird der Mensch kleiner, je größer die Menschenwerke werden.

Eine weitere Fehlleistung der technischen Revolution bestand darin, dass sie, anstatt die Demokratie im eigenen Land zu festigen, mitgeholfen hat, sie inhaltslos zu machen. Ungeheure Industrien und Verwaltungen, verwoben zu einem verwickelten computerisierten Mechanismus, lassen den Menschen außen vor. Das Gefühl des Beteiligtseins geht verloren, das Bewusstsein, dass gewöhnliche Sterbliche wichtige Entscheidungen beeinflussen, verschwindet, und der Mensch wird ausgeschieden und abgewertet.

Wenn der Einzelne kein echter Teilhaber mehr ist, wenn er kein Verantwortungsgefühl mehr hat seiner Gesellschaft gegenüber, dann verliert die Demokratie ihren Inhalt. Wenn die Kultur degradiert und die Gewöhnlichkeit auf den Thron gesetzt wird, wenn das Gesellschaftssystem nicht Sicherheit schafft, sondern Gefahr, dann ist der Einzelne genötigt, sich von einer seelenlosen Gesellschaft abzulösen. Daraus ergibt sich die Entfremdung – vielleicht die wesentlichste und heimtückischste Entwicklung in der Gesellschaft unserer Zeit.

Die Entfremdung beschränkt sich nicht auf unsere jungen Leute, aber sie nimmt bei ihnen besonders überhand. Und dabei sollte gerade sie der Jugend fremd sein. Wachsende Größe erfordert Gemeinschaft und Vertrauen. Entfremdung ist eine Form von lebendem Tod. Sie ist die Säure der Hoffnungslosigkeit, die die Gesellschaft zersetzt.

Bisher habe ich die tragischen Faktoren in dem Vierteljahrhundert Geschichte betrachtet, das die heutige Jugend durchlebt hat. Gibt es aber auch eine andere Seite? Gibt es in diesem Vierteljahrhundert Kräfte, die den Prozess der Entfremdung rückgängig machen könnten? Wir müssen nun diese fünfundzwanzig Jahre zurückgehen, um nach positiven Bestandteilen zu suchen, die vorhanden waren, wenn auch ziemlich im Verborgenen.

Neben der Verherrlichung der Technik gab es stets auch eine Kraft, die sich dafür einsetzte, dass höhere Werte geachtet wurden. Keiner der gegenwärtigen Übelstände kam ohne Widerstand auf, keiner dauerte ohne Opposition an.

In den frühen fünfziger Jahren war es der McCarthyismus, der als Henker mit den Truppen des ›Kalten Krieges‹ operierte. Jahrelang dezimierte er soziale Organisationen, drosselte die Rede- und Schreibfreiheit und schüchterte nicht nur Radikale und Liberale zu trübem Schweigen ein, sondern auch Männer an hohen und geschützten Stellen. Eine sehr kleine Schar mutiger Leute wehrte sich und bot Ächtung, Verleumdung und Verlust des Einkommens die Stirn. Allmählich aber und unter Schmerzen erwachte dann der demokratische Instinkt Amerikas, und die ideologische rohe Gewalt musste weichen.

Aber der McCarthyismus hinterließ mindestens ein Erbe sozialer Lähmung. Die Furcht lebte in den folgenden Jahren weiter, und die soziale Veränderung blieb gehemmt und defensiv. Anpassung und Verschüchterung herrschten und brachten Jung und Alt dazu, das Mittelmäßige und Herkömmliche zu preisen. Kritik an der sozialen Ordnung trug den Ruch des Verrats. Der Koreakrieg war zwar

EQUAL
Opportunity
AND
HUMAN
DIGNITY
DON'T
BUY
SEGREGATION
MERCHANTS
UNFAIR

unpopulär, wurde jedoch nie den handfesten Kritiken und Massendemonstrationen ausgesetzt, die heute die Opposition gegen den Krieg in Vietnam kennzeichnen.

Diese lähmende Wolke der Furcht wurde von der schwarzen Jugend verjagt. Als sie ihren Kampf in die Straßen trug, wurde ein neuer Geist des Widerstands geboren. Angefeuert durch die Kühnheit und Findigkeit der Schwarzen, erwachte auch die weiße Jugend zur Tat und bildete mit ihnen eine Gemeinschaft, die das Gewissen der Nation aufrüttelte.

Der schöpferische Beitrag der jungen Schwarzen lässt sich kaum hoch genug einschätzen. Sie übernahmen den zuerst in Montgomery/Alabama ausgeübten gewaltlosen Widerstand in Massendimensionen und entwickelten originelle Formen der Anwendung – *Sit-ins*, *Freedom rides* und *Wade-ins*. Um das fertigzubringen, verwandelten sie zuerst sich selbst. Junge Schwarze hatten traditionsgemäß in Kleidung, Benehmen und Denkweise immer die Weißen eines starren Mittelstandsmodells nachgeahmt. Gunnar Myrdal hatte sie als übertriebene Amerikaner beschrieben. Jetzt hörten sie auf zu imitieren und begannen, den Ton anzugeben. Die Führung ging in die Hände von Schwarzen über, und deren weiße Verbündete fingen an, von ihnen zu lernen. Das war eine revolutionäre und gesunde Entwicklung für beide Seiten. Es ist eine Ironie, dass heute so viele Erzieher und Soziologen nach Methoden suchen, um der schwarzen Jugend Mittelstandswerte als Ideal der sozialen Entwicklung einzureden. Genau in dem Augenblick nämlich, als junge Schwarze ihre Mittelstandswerte über Bord warfen, leisteten sie einen historischen sozialen Beitrag. Sie gaben diese Werte auf, als sie der Karriere und dem Wohlstand die Nebenrolle zuschoben. Wenn sie fröhlich Zuchthäusler und Unruhestifter wurden, wenn sie ihre Kleidung von *Brooks Brothers* ablegten und in Overalls schlüpften, um im abgelegenen ländlichen Süden zu arbeiten, reizten und begeisterten sie die weiße Jugend, es ihnen nachzutun. Viele verließen die Schule, nicht um das Lernen aufzugeben, sondern um es auf direktere Art zu suchen. Sie waren konstruktive Schulschwänzer, eine Sorte, die die Gesellschaft und sich selber stärker machte. Diese jungen Schwarzen und Weißen waren die Vorläufer des Friedenskorps, und man darf ruhig sagen, dass ihre Arbeit die Anregung zu dessen Organisation auf internationaler Ebene gab.

Die gemeinsame Anstrengung, die aus der Gesellschaft für Bürgerrechte entstanden war, trug zu Beginn der sechziger Jahre großartige Früchte für dieses Land. Die Kräfte der Unterdrückung, die seit mehr als einem Jahrzehnt nicht mehr ernstlich herausgefordert worden waren, trafen nun auf einen erwachten Gegner. Ein Sturzbach humanistischen Denkens und Handelns fegte durch das Land und errang erst kleine, dann größere Erfolge.
Die Masse der Erwachenden wurde immer breiter, und die Streitfragen schlossen immer mehr soziale Probleme ein. Eine geschlossene Front zuverlässiger junger Aktivisten verwahrte sich dagegen, im Verborgenen zu wirken, und ließ das Gefühl für verantwortungsvolle Rebellion wiederaufleben.

So entstand eine Friedensbewegung.

Die Freiheitsbewegung der Schwarzen wäre selbst dann historisch und würdig gewesen, wenn sie nur der Sache der Bürgerrechte gedient hätte. Aber ihre Verdienste sind noch größer, denn sie regte eine umfassendere soziale Bewegung an, die das moralische Niveau des ganzen Volkes hob. Im Kampf gegen die herrschenden Missstände der Gesellschaft wurden achtbare Werte bewahrt. Überdies lernte eine bedeutende Gruppe junger Leute, dass sie mit dem Widerstand gegen die tyrannischen Kräfte, von denen sie unterdrückt wurden, ihrem Leben eine neue Größe und einen neuen Sinn verliehen. Die schwarze und die weiße Jugend, die als Verbündete harte Kämpfe mit dem Status quo ausfochten, inspirierten sich gegenseitig mit dem Gefühl einer moralischen Mission, und beide gaben dem Vaterland ein Beispiel von Opfermut und Hingabe.

Diese Jahre – die letzten sechziger Jahre – sind eine überaus kritische Zeit für die Bewegung, die ich beschrieben habe. In einem bestimmten Sinn kann man sagen, die Bürgerrechts- und Friedensbewegungen seien vorbei, zumindest in ihrer anfänglichen Form, der Protestform, die ihnen die ersten Siege schenkte. In einem bestimmten Sinn ist diese Gemeinschaft verantwortungsbewusster junger Menschen unter dem Druck von Fehlschlägen, Entmutigungen und deren Folgeerscheinungen, Extremismus und Polarisation, auseinander gefallen. Die Bewegung für soziale Erneuerung ist in eine Zeit der Versuchung zur Hoffnungslosigkeit eingetreten; denn jetzt ist klargeworden, wie tief und systematisch die Missstände sind, denen sie sich entgegenstellt. Es herrscht eine starke Versuchung, an Programmen und Aktionen zu verzweifeln und Energien in hysterischem Geschwätz zu verschwenden. Es herrscht auch eine Versuchung, sich in Extremistengruppen zu verzetteln, die sich gegenseitig misstrauen, in denen Schwarze die Mitwirkung von Weißen und Weiße die Realitäten ihrer eigenen Geschichte ablehnen.

Während jedoch die jungen Leute dieser Krise gegenüberstehen, arbeiten führende Köpfe der Bewegung Programme aus, um die sozialen Maßnahmen aus ihrer früheren, heute nicht mehr angemessenen Protestform zu lösen und zu einer neuen Etappe des massiven, aktiven, aber gewaltlosen Widerstandes gegen die Übel des modernen Systems zu führen. Im Fortschreiten dieser Arbeit und dieser Planung gewinnen wir einen überwältigenden Blick dafür, was es für die Welt bedeuten würde, wenn es den neuen Widerstandsprogrammen gelänge, die erwachende Jugend von heute noch umfassender zu vereinigen.

Gewaltloser aktiver Widerstand gegen soziale Übel, der notfalls massiven Ungehorsam miteinschließt, kann die besten Überzeugungen aller drei Gruppen unserer Jugend zu einer neuen Aktionssynthese vereinigen. Von den Hippies kann er die Vision

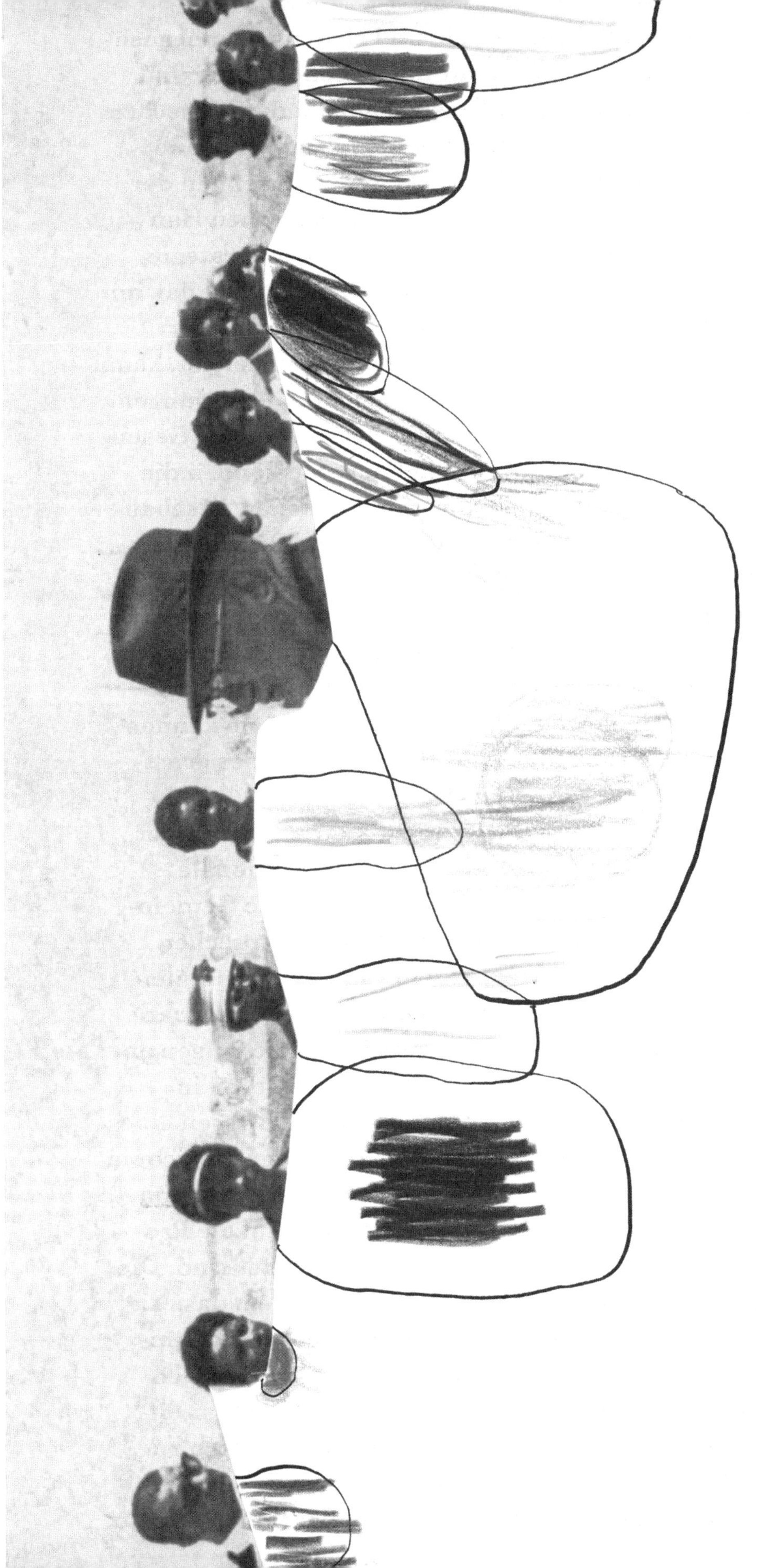

friedlicher Schritte zu einem Friedensziel übernehmen, auch ihren Sinn für das Schöne, Sanfte und für die einzigartigen Geistesgaben jedes Menschen. Von den Radikalen kann er sich das brennende Bewusstsein der Dringlichkeit, das Erkennen der Notwendigkeit direkten und gemeinsamen Handelns wie auch der Notwendigkeit von Strategie und Organisation zu eigen machen. Und da das im Werden begriffene Programm weder eines der Anarchie noch eines der Aussichtslosigkeit ist, kann es auch die Arbeit und die Einsichten jener jungen Leute einschließen, die unsere gegenwärtige Gesellschaft nicht als Ganzes ablehnen. Sie können die extremeren Gruppen anregen, die neuen Anschauungen und Ziele in die gegenwärtige Geschichte, in die gegenwärtige Gesellschaft zu integrieren. Sie können der Bewegung helfen, das schwankende Rohr nicht zu brechen, den glimmenden Docht der Werte, die in der Gesellschaft bereits anerkannt sind, nicht gewaltsam zu löschen. Und sie können dazu beitragen, dass die Möglichkeit eines ernsthaften Kompromisses offenbleibt.

Wenn die frühere Bürgerrechtsbewegung mit der Schaffung eines Friedenskorps internationale Früchte trug, so könnte eine solche neue Gemeinschaft noch sehr viel mehr tun. Schon sprechen unsere besten jungen Arbeiter in den Vereinigten Staaten über die Notwendigkeit, sich in internationalen Dimensionen zu organisieren. Sie fangen an, bewusste Verbindungen mit ihren Kollegen in anderen Ländern herzustellen. Das Gewissen eines erwachten Aktivisten kann nicht mit der Einsicht in lokale Probleme zufriedengestellt werden, schon darum nicht, weil er dabei sieht, dass lokale Probleme stets mit Weltproblemen verkettet sind. Die jungen Männer, die einzusehen beginnen, dass sie sich weigern müssen, ihr Land zu verlassen, um andere zu bekämpfen und zu töten, werden sich vielleicht entschließen, ihr Land wenigstens zeitweise zu verlassen, um ihr Leben mit andern zu teilen. Was für eine Struktur dieses wachsende Weltgewissen dereinst für sich selber finden könnte, das zeigt sich freilich bisher noch nicht einmal im Umriss. Aber vor einem Dutzend Jahren gab es auch für die Bürgerrechtsbewegung der Schwarzen in ihrer ersten Phase noch nicht einmal einen Umriss. Der Geist ist jetzt wach; die Strukturen werden folgen. Vielleicht werden die strukturellen Formen aus anderen Ländern stammen, aus einer anderen Erfahrung, die Geschichte zu gestalten.

Doch wir haben nicht viel Zeit. Der Geist des Umsturzes ist bereits ein weltweiter. Wenn der Zorn der Völker der Welt über die Ungerechtigkeit der Dinge in eine Revolution der Liebe und des schöpferischen Wesens geleitet werden soll, müssen wir uns jetzt unverzüglich an die Arbeit machen mit allen Völkern, um eine Welt zu gestalten.

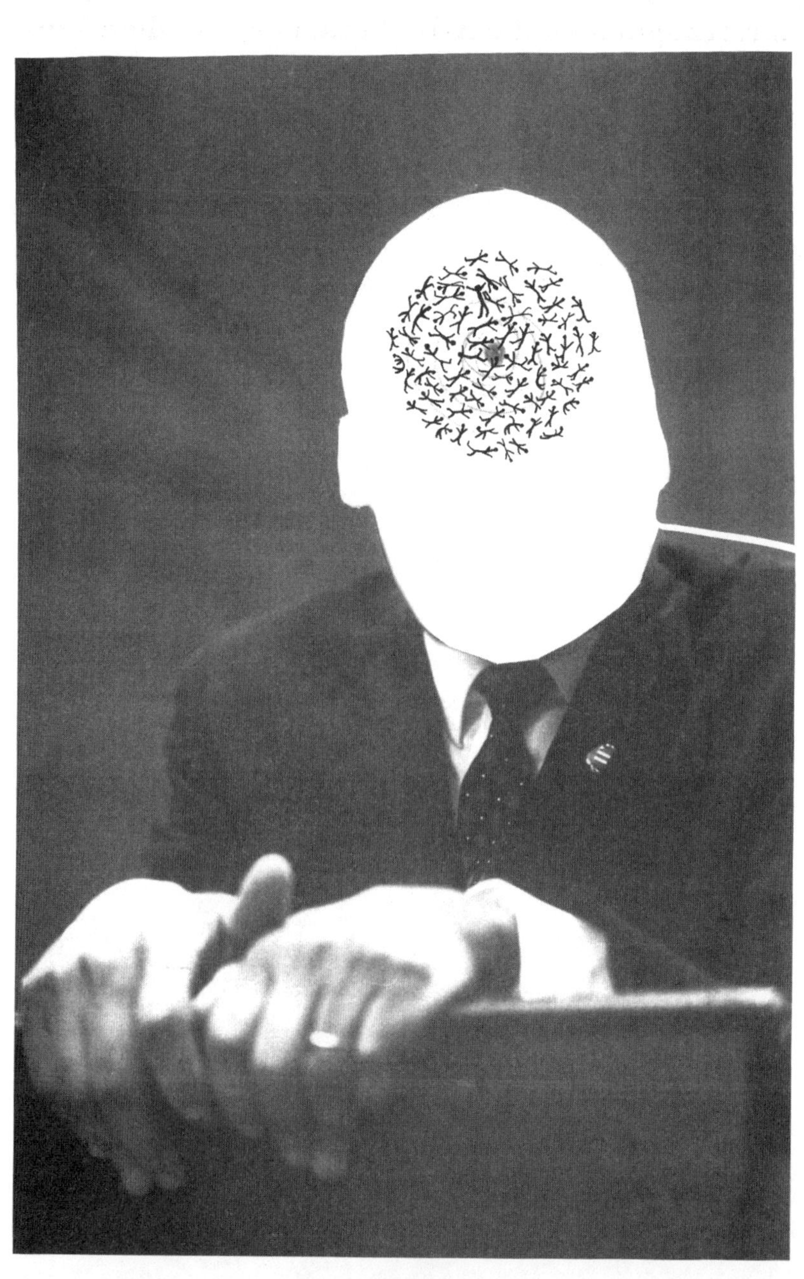

Gewaltlosigkeit und sozialer Wandel

Vierter Teil der *Massey Lectures* im kanadischen Rundfunk, gehalten in fünf Teilen, November und Dezember 1967

Es ist nichts einzuwenden gegen eine Verkehrsregel, die dir sagt, dass du bei rotem Ampellicht anhalten musst. Aber wenn ein Brand wütet, überfährt die Feuerwehr ohne Zögern die rote Ampel, und der normale Verkehr tut gut daran, auszuweichen. Oder wenn ein Mensch am Verbluten ist, rast der Krankenwagen mit Höchstgeschwindigkeit an roten Ampeln vorbei.

Jetzt wütet ein Brand für die Schwarzen und die Armen dieser Gesellschaft. Sie leben in tragischen Verhältnissen, und zwar wegen der schrecklichen wirtschaftlichen Ungerechtigkeiten, die sie als *underclass*, wie die Soziologen das heute nennen, eingesperrt halten. Enterbte Menschen in der ganzen Welt verbluten an tiefen sozialen und wirtschaftlichen Wunden. Sie benötigen ganze Brigaden von Rettungswagenfahrern, die die roten Ampeln des gegenwärtigen Systems werden überfahren müssen, bis die Notlage behoben ist.

Massen-Ungehorsam ist eine Strategie für sozialen Wandel, die mindestens so nachdrücklich wirkt wie ein Krankenwagen mit heulender Sirene. In den vergangenen zehn Jahren hat der gewaltlose Ungehorsam ein schönes Stück Geschichte gemacht, besonders in den Südstaaten. Als wir in der

Southern Christian Leadership Conference 1963 nach Birmingham/Alabama gingen, hatten wir beschlossen, für integrierte öffentliche Einrichtungen in Aktion zu treten. Wir wussten dabei, dass die Bürgerrechtskommission eindringliche Schriftstücke aufgesetzt hatte, die nach Wandel, nach den von uns verlangten Rechten riefen. Aber niemand unternahm etwas mit dem Kommissionsbericht. Nichts wurde getan, bis wir in Aktion traten und vor dem Gerichtshof der Weltmeinung die dringende Notwendigkeit einer Änderung demonstrierten. Mit dem Wahlrecht war es dasselbe. Die Bürgerrechtskommission hatte, drei Jahre bevor wir nach Selma zogen, die Änderungen, für die wir zu marschieren begannen, bereits befürwortet, aber nichts geschah, bis wir 1965 eine Krise heraufbeschworen, die die Nation nicht mehr ignorieren konnte. Ohne Gewalt warfen wir das

System, den Lebensstil, erst von Birmingham und dann von Selma, mit ihren ungerechten und verfassungswidrigen Gesetzen völlig über den Haufen. Unser Birmingham-Feldzug gelangte zu seinem dramatischen Höhepunkt, als rund 3500 Demonstranten praktisch jede Gefängniszelle der Stadt und ihrer Umgebung füllten und etwa 4000 unbeirrt weitermarschierten und gewaltlos demonstrierten. Da wusste man in der Stadt klipp und klar, dass Birmingham so lange nicht mehr funktionieren konnte, bis die Forderungen der Schwarzengemeinde erfüllt waren. Eine gleiche dramatische Krise wurde zwei Jahre später in Selma geschaffen. Das Ergebnis auf nationaler Ebene waren die Bürgerrechtsvorlage und das Wahlrechtsgesetz, als Präsident und Kongress auf das Drama und die durch sorgfältig geplante Demonstrationen geschaffene schöpferische Spannung reagierten. Natürlich hat sich inzwischen herausgestellt, dass neue Gesetze nicht genügen. Die Notlage, der wir heute gegenüberstehen, ist wirtschaftlicher Natur, und es ist eine verzweifelte und immer schlimmer werdende Notlage. Für die 35 Millionen Armen in Amerika – von den Armen in den andern Ländern wollen wir im Augenblick nicht reden – liegt etwas wie Erwürgtwerden in der Luft. Es ist in unserer Gesellschaft psychologischer Mord, einem Menschen seine Arbeit oder sein Einkommen vorzuenthalten. Man sagt ihm dabei im Grunde nichts anderes, als dass er kein Recht habe zu existieren. Man nimmt ihm in Wirklichkeit das Leben, die Freiheit und das Streben nach Glück, indem man in seinem Fall das eigentliche Credo der Gesellschaft leugnet. Heute werden Millionen von Menschen auf diese Art gewürgt. Das Problem ist von internationaler Reichweite. Und es wird immer schlimmer, je mehr der Graben zwischen den Armen und der ›Wohlstandsgesellschaft‹ sich verbreitert.

Die Frage, an der sich gegenwärtig die Geister scheiden, welche diese Situation radikal ändern wollen, lautet: Kann ein Programm der Gewalt-

losigkeit – selbst wenn es massiven zivilen Ungehorsam ins Auge fasst – realistischerweise erwarten, mit einem so ungeheuren, eingefleischten Übel fertig zu werden?
Wird, vor allen Dingen, Gewaltlosigkeit nach dem Sommer 1967 psychologisch noch wirksam sein? Viele sind der Meinung, die Gewaltlosigkeit als Strategie für sozialen Wandel sei in den Flammen der städtischen Unruhen der letzten zwei Jahre eingeäschert worden. Sie sagen uns, die Schwarzen hätten erst jetzt angefangen, ihr wahres Menschentum in der Gewalttätigkeit zu finden, und die Ausschreitungen bewiesen nicht nur, dass die Schwarzen die Weißen hassen, sondern dass sie sie aus innerem Zwang vernichten müssen.
Diese blutrünstige Auslegung übersieht einen der auffälligsten Züge der Unruhen in den Städten. Gewalttätig waren diese gewiss. Doch war die Gewalttätigkeit in einem verblüffenden Ausmaß gegen Dinge und nicht gegen Menschen gerichtet. Es gab sehr wenige Fälle von Körperverletzung, und die überwiegende Mehrheit der Aufrührer war überhaupt nicht in Tätlichkeiten gegen Menschen verwickelt. Der vielpropagierte ›Blutzoll‹, der die Krawalle kennzeichnete, und die vielen Verletzungen wurden vorwiegend durch die Soldaten den Aufrührern zugefügt. Es steht fest, dass die Ausschreitungen durch Polizeiaktionen verschlimmert wurden, die darauf angelegt waren, Menschen zu verletzen oder gar zu töten. Was das Schießen aus dem Hinterhalt anbelangt, so meldet kein einziger Bericht über die Unruhen, dass mehr als ein oder zwei Dutzend Leute in Schießereien verwickelt waren. Aus den Tatsachen ergibt sich ein klares Bild: Eine Handvoll Schwarzer benutzte Schusswaffen, und zwar hauptsächlich zum Einschüchtern, nicht zum Töten, alle andern aber hatten eine andere Zielscheibe: den Besitz.
Ich bin mir bewusst, dass viele bei einer Unterscheidung zwischen Eigentum und Person erschrecken – für sie ist beides sakrosankt. Meine Ansichten sind nicht so streng. Ein Leben ist heilig.

Eigentum ist dazu da, dem Leben zu dienen, und so sehr wir es auch mit Rechten und Respekt umgeben, hat es doch kein persönliches Wesen. Es ist ein Teil der Erde, auf der der Mensch wandelt; es ist nicht der Mensch.

Die Konzentration auf Eigentum in den Unruhen von 1967 ist nicht zufällig. Sie hat eine Botschaft, sie sagt etwas aus.

Wenn Feindseligkeit gegen Weiße jemals das Verhalten eines Schwarzen bestimmen und mörderische Formen annehmen könnte, dann sicherlich während eines solchen Krawalls. Aber diese seltene Gelegenheit, den Blutdurst zu stillen, wurde in Brandstiftung sublimiert oder in eine Art stürmischen Karneval von Gratis-Warenverteilung abgebogen. Warum vermieden die Randalierer persönliche Angriffe? Die Erklärung kann nicht in der Furcht vor Strafe liegen, denn die körperlichen Risiken, die man bei Sachbeschädigung einging, waren nicht weniger hoch als bei Überfällen auf Personen. Das Militär behandelte selbst leichten Diebstahl als gleichbedeutend mit Mord.

Warum aber waren die Aufständischen so gewalttätig gegen Eigentum? Weil Eigentum die weiße Machtstruktur verkörpert, gegen die sie vorgehen und die sie zerstören wollen. Ein merkwürdiger Beweis für den symbolischen Aspekt der Plünderungen bei vielen, die sich daran beteiligten, ist die Tatsache, dass die Polizei nach den Unruhen jeweils Hunderte von Anrufen von Schwarzen bekam, die die entwendeten Waren zurückgeben wollten. Jene Leute suchten das Erlebnis des Nehmens, der Wiederherstellung des gestörten Gleichgewichts der Macht, dargestellt durch das Eigentum. Im Nachhinein war der Besitz nicht mehr wichtig.

Eine tiefere Stufe der Feindseligkeit kam in den Brandstiftungen zum Ausdruck, die viel gefährlicher waren als die Plünderungen. Aber auch sie waren eine Demonstration und eine Warnung. Sie richteten sich gegen Symbole der Ausbeutung und sollten die Stärke des Zornes in der schwarzen Gemeinde ausdrücken.

Was bedeuten diese Beschränkungen in den Sommerunruhen für unsere künftige Strategie? Wenn sich ein Kern von Gewaltlosigkeit, der Gewaltlosigkeit gegenüber Menschen, sogar in den Unruhen, in denen die Gefühle doch zum Ausbruch kamen, finden lässt, so heißt das, dass die Gewaltlosigkeit als eine Macht im Leben der Schwarzen für die Zukunft nicht abgeschrieben werden sollte. Viele Leute glauben, der städtische Schwarze sei allzu wütend, um ohne Gewalt auszukommen. Sie versuchen, die gewaltlosen Märsche im Süden als Prozessionen frommer ältlicher Damen hinzustellen. Tatsache ist, dass bei allen Märschen, die wir organisiert haben, einige Elemente mit ausgesprochen gewalttätigen Tendenzen dabei waren. Es war für uns eine Routine, in unseren eigenen Reihen jeweils vor den Märschen Hunderte von Messern einzusammeln, für alle Fälle. Und in Chicago erlebten wir letztes Jahr, wie ein paar äußerst gewalttätige Individuen sich der gewaltlosen Disziplin willig unterwarfen. Tag um Tag ging ich während dieser Chicagoer Märsche durch unsere Reihen, und nie sah ich jemanden tätlich werden. Es gab eine Menge Provokationen, nicht nur die schreienden weißen Rowdies, die die Straßen säumten, sondern auch Gruppen von schwarzen Aktivisten, die über Guerillakriegführung diskutierten. Wir hatten ein paar Bandenführer und -mitglieder unter uns. Ich erinnere mich, wie ich mit den *Blackstone Rangers*[10] zusammen marschierte, während Flaschen vom Straßenrand geflogen kamen, und ich sah, wie ihre Nasenbeine gebrochen wurden und Blut aus ihren Wunden floss; und ich sah, wie sie weitermarschierten und nicht mit Gewalt zurückschlugen, nicht einer von ihnen. Ich bin überzeugt, dass sogar äußerst gewalttätige Naturen durch gewaltlose Disziplin gelenkt werden können, wenn die Bewegung sich wirklich bewegt, wenn die Leute konstruktiv handeln und über einen wirkungsvollen Kanal ihrem sehr berechtigten Zorn Luft machen können.

Aber wird die Gewaltlosigkeit, selbst wenn sie

10 Eine in den 1950er Jahren gegründete, den Schwarzen Nationalismus vertretende Straßengang in Chicago, aus der sich die *Black P. Stone Nation* entwickelte

psychologisch für die Protestierenden, die eine Änderung herbeiführen wollen, richtig ist, gegen eine Regierung und einen Status quo, die sich bisher den Forderungen dieses Sommers mit der Begründung »wir dürfen die Aufrührer nicht belohnen« widersetzten, strategisch wirksam sein? Weit davon entfernt, die Aufrührer zu belohnen, weit davon entfernt, ihren gerechten und dringenden Forderungen auch nur Gehör zu schenken, hat die Regierung ihre Verantwortung für die Ursachen der Aufstände einfach ignoriert und dafür deren negative Seiten zum Vorwand genommen, um ihre andauernde Untätigkeit hinsichtlich der zugrundeliegenden Probleme zu rechtfertigen. Die einzige konkrete Reaktion der Regierung war, dass sie eine Studie in die Wege leitete und nach einem Gebetstag rief. Als Pfarrer nehme ich das Gebet zu ernst, als dass es als Vorwand benutzt werden dürfte, um sich um Arbeit und Verantwortung zu drücken. Wenn eine Regierung über mehr Wohlstand und Macht verfügt als je zuvor in der Geschichte und dann nicht mehr als das bietet, dann ist sie mehr als nur blind, dann ist sie provokativ. Es ist widersinnig, aber man muss es gerechterweise sagen, dass der Terrorismus der Schwarzen weniger an den Straßenecken der Gettos als in den Kongresshallen angestiftet wird.

Damit wollte ich nur zeigen, dass Gewaltlosigkeit zwar erfolgreich sein wird, aber erst dann, wenn sie die Massendimensionen, die disziplinierte Planung und die intensive Hingabe einer anhaltenden, unmittelbar wirkenden Bewegung zivilen Ungehorsams von nationalem Umfang erreicht.

Die Enteigneten dieses Landes – die Armen, Weiße wie Schwarze – leben in einer grausam ungerechten Gesellschaft. Sie müssen einen Aufstand gegen diese Ungerechtigkeit organisieren, und zwar nicht gegen das Leben der Menschen, die ihre Mitbürger sind, sondern gegen die Strukturen, hinsichtlich derer die Gesellschaft sich weigert, Maßnahmen zu ergreifen, die verlangt worden und die auch möglich sind, um die Last der Armut zu beseitigen.

Der einzig wahre Revolutionär, heißt es, ist einer, der nichts zu verlieren hat. Es gibt Millionen armer Leute in diesem Land, die sehr wenig oder überhaupt nichts zu verlieren haben. Wenn man sie dazu bringen kann, gemeinsam zu handeln, dann werden sie es mit einer Freiheit und mit einer Macht tun, die in dem selbstzufriedenen Leben unseres Landes eine ganz neue und beunruhigende Kraft darstellen wird. Im neuen Jahr werden wir damit anfangen, dass wir dreitausend der ärmsten Bürger aus zehn verschiedenen städtischen und ländlichen Gebieten rekrutieren, um eine lang anhaltende, massive, direkt wirkende Bewegung in Washington einzuleiten und durchzuführen. Wer sich dazu entschließt, zu diesen anfänglichen dreitausend, dieser gewaltlosen Armee, dieser ›Freiheitskirche‹ der Armen zu gehören, wird drei Monate lang mit uns zusammenarbeiten, um gewaltlose Aktionsmethoden zu erdenken. Dann werden wir uns auf den Weg nach Washington machen, fest entschlossen, dort zu bleiben, bis die legislativen wie die exekutiven Körperschaften unserer Regierung ernsthafte und geeignete Schritte in Bezug auf Arbeitsplätze und Einkommen unternehmen. Eine Abordnung armer Leute kann mit einer sorgfältig und gemeinsam vorbereiteten Liste von Forderungen in das Büro eines hohen Beamten gehen. (Wenn man arm ist, wenn man sowieso arbeitslos ist, kann man sich sicherlich leicht entschließen, so lange in Washington zu bleiben, wie es erforderlich ist.) Und wenn dieser Beamte sagt: »Aber das müsste erst vom Kongress bestätigt werden«, oder: »Aber darüber müsste man den Präsidenten konsultieren«, dann könnt ihr antworten: »Also gut, wir wollen warten.« Und ihr könnt euch in seinem Büro so lange niederlassen, wie es nötig ist. Wenn ihr, sagen wir, aus dem ländlichen Mississippi kommt und noch nie ärztlich betreut worden seid, und eure Kinder sind unterernährt und ungesund, dann könnt ihr diese Kleinen in die Krankenhäuser von Washington bringen und bei ihnen bleiben, bis die Mediziner das Notwendige getan haben, und wenn ihr diesem Land eure Kinder so zeigt, bietet ihr ihm einen Anblick, der es veranlassen wird, in seinem geschäftigen Treiben einen Augenblick innezuhalten und ernsthaft darüber nachzudenken, was es getan hat. Die vielen Menschen aus allen möglichen Kreisen des staatlichen Lebens, die kommen werden, um sich diesen dreitausend anzuschließen, werden eine unterstützende Rolle spielen, indem sie sich entschließen, eine Zeit lang mit den Armen arm zu sein, die um ihr Recht auf Arbeitsplätze oder regelmäßiges Einkommen bitten – Arbeitsplätze, Einkommen, Niederreißen der Slums und Aufbau neuer Wohnviertel an deren Stelle durch die Einwohner selbst: alles in allem ein neues ökonomisches Abkommen für die Armen.

Warum wir in Washington kampieren wollen, um diese Dinge zu verlangen? Weil nur der Kongress und die Regierung beschließen können, die Milliarden Dollar, die wir für eine richtige Armutsbekämpfung benötigen, aufzuwenden. Wir brauchen kein neues Gesetz, sondern ein massives neues staatliches Programm. Dieser Kongress hat nichts getan, um solchen Maßnahmen durchzuhelfen, aber sehr viel, um sie zu verhindern. Warum sollte der Kongress sich auch um unsere sterbenden Städte kümmern? Er wird immer noch von hochgestellten Vertretern des ländlichen Südens beherrscht, die sich immer noch mit fortschrittsfeindlichen Männern aus den Nordstaaten zu einer hemmenden Koalition zusammenschließen, um zu verhindern, dass öffentliche Gelder dorthin gelangen, wo sie sozial benötigt werden. Wir durchbrachen diese Koalition 1963 und 1964, als die Bürgerrechts- und Wahlrechtsgesetze verabschiedet wurden. Wir müssen sie durch die Größe und Kraft unserer Bewegung neuerdings durchbrechen, und der beste Ort dafür ist vor den Augen und in den Gebäuden eben dieser Kongressleute. Die Menschen dieses Landes, wenn auch nicht die Kongressleute, sind bereit zu einem entschiedenen Angriff auf Slums und Arbeitslosigkeit, wie zwei

Umfragen kürzlich ergeben haben. Darum müssen wir auch den Kongress bereitmachen, etwas für die Notlage der Armen zu unternehmen. Wir werden die Gesetzgeber, die Verwaltungsbeamten und alle andern Machthaber so lange anstoßen und belästigen, bis sie das unbedingt Erforderliche in Angriff nehmen.

Ich sagte bereits, dass das Problem, die Krise, der wir gegenüberstehen, von wenigstens nationaler Reichweite ist. Tatsächlich ist sie untrennbar mit einem internationalen Notstand verbunden, der die Armen, die Enteigneten und Ausgebeuteten der ganzen Welt trifft.

Kann eine gewaltlose Bewegung direkter Aktion auf internationaler Ebene gemacht werden, um wirtschaftliche und politische Probleme anzugehen?

Ich glaube ja. Mir erscheint es klar, dass der nächste Schritt international sein muss. Nationale Bewegungen innerhalb der entwickelten Länder – Kräfte, die sich auf London oder Paris oder Washington oder Ottawa konzentrieren – müssen bewirken, dass es für ihre Regierungen durchführbar wird, jene Art massiver Hilfeleistung zu unternehmen, die die unterentwickelten Länder nötig haben, wenn sie sich aus den Ketten der Armut befreien sollen. Wir im Westen müssen uns vor Augen halten, dass die armen Länder vor allem deshalb arm sind, weil wir sie durch politischen oder wirtschaftlichen Kolonialismus ausgebeutet haben. Besonders die Amerikaner müssen ihre Nation dazu bringen, dass sie von ihrem modernen wirtschaftlichen Imperialismus abgeht.

Aber die Bewegungen in unseren Ländern allein werden nicht genügen. In Lateinamerika zum Beispiel sind nationale Reformbewegungen an gewaltlosen Methoden fast verzweifelt; viele junge Menschen, sogar viele Geistliche, haben sich den Guerillagruppen in den Bergen angeschlossen.

So viele der Probleme Lateinamerikas haben ihre Wurzeln in den Vereinigten Staaten, dass wir eine feste, geeinte Bewegung bilden müssen, gewaltlos konzipiert und durchgeführt, sodass von beiden

Seiten des Problems zugleich ein Druck auf die betreffenden Machtstrukturen des Kapitals und der Regierung ausgeübt werden kann. Ich glaube, das wäre die einzige Hoffnung auf eine friedliche Lösung im heutigen Lateinamerika; und eine der mächtigsten Ausdrucksformen der Gewaltlosigkeit dürfte aus jener internationalen Verbindung sozial bewusster Kräfte erstehen, die außerhalb der Regierungssysteme tätig ist.

Selbst zähe Probleme wie die südafrikanische Regierung und ihre Rassenpolitik könnten auf dieser Basis aufgegriffen werden. Wenn nur zwei Länder, Großbritannien und die Vereinigten Staaten, dazu überredet werden könnten, alle wirtschaftlichen Beziehungen mit dem südafrikanischen Regime abzubrechen, vermöchten sie dieses Regime in verhältnismäßig kurzer Zeit in die Knie zu zwingen. Theoretisch könnten die britische und amerikanische Regierung diesen Entschluss fassen; fast jeder Konzern in beiden Staaten hat wirtschaftliche Verbindungen zu ihrer eigenen Regierung, deren Verlust sie sich nicht leisten kann. Praktisch würde allerdings ein solcher Entscheid eine so bedeutende Neuordnung der Prioritäten darstellen, dass man nicht erwarten darf, irgendeine Bewegung könnte es in ein oder zwei Jahren schaffen. In der Tat – obwohl es auf der Hand liegt, dass gewaltlose Bewegungen für sozialen Wandel sich wegen des Ineinandergreifens der Probleme, denen sie alle gegenüberstehen, internationalisieren müssen, und weil diese Probleme andernfalls einen Krieg heraufbeschwören werden, haben wir gerade erst angefangen, die Fertigkeiten und die Strategie, ja selbst die Grundlagen auszuarbeiten, um unsere Bewegung für soziale Gerechtigkeit zu einer weltweiten zu machen.

In einer Welt, die dem Aufstand zerlumpter und hungriger Massen von Kindern Gottes entgegenblickt, in einer Welt, die in der Spannung zwischen Ost und West, zwischen Weiß und Farbig, zwischen Individualisten und Kollektivisten zerrissen wird, in einer Welt, deren kulturelle und geistige Macht so

weit hinter ihren technischen Fähigkeiten herhinkt, dass wir jeden Tag am Abgrund nuklearer Vernichtung leben, in dieser Welt ist Gewaltlosigkeit kein Gegenstand theoretischer Untersuchungen mehr, sondern ein Gebot zu handeln.

Wachbleiben während einer großen Revolution

Nationalkathedrale zu Washington, 31. März 1968

Ich kann euch ohne das geringste Zögern versichern, dass ich hocherfreut darüber bin, heute Morgen hier zu sein und die Gelegenheit zu haben, auf dieser großartigen, bedeutenden Kanzel zu stehen. Und ich möchte es nicht versäumen, Propst Sayre und allen anderen in der Kathedrale wirkenden Geistlichen meinen verbindlichsten Dank für die Einladung auszusprechen.

Ich empfinde es immer als äußerst lohnend, dem Alltagstrott zu entfliehen und im Kampf um Freiheit und Menschenwürde eine kurze Pause einzulegen, um die Probleme, die es in diesem Kampf zu bewältigen gilt, mit Anteil nehmenden, wohlmeinenden Freunden aus dem ganzen Land zu besprechen. Und dass mich ein Gottesdienst stets im Innersten berührt, versteht sich wohl von selbst. Ich bin also gleich aus mehreren Gründen gern hier.

Das Thema meiner heutigen Predigt soll sein: »Wachbleiben während einer großen Revolution«. Die entsprechende Bibelstelle ist der Offenbarung des Johannes entnommen. Dort steht geschrieben: »Siehe, ich mache alles neu!«, »Das Erste ist vergangen.«

Die meisten von euch werden Washington Irvings

faszinierende Kurzgeschichte *Rip Van Winkle* kennen. Das Einzige, woran wir uns normalerweise erinnern, ist, dass Rip Van Winkle zwanzig Jahre lang schläft. In der Erzählung kommt aber noch etwas anderes vor, was in der Regel nicht weiter beachtet wird, und zwar das Schild des Wirtshauses,[11] von dem aus Rip Van Winkle sich aufmacht zu seinem langen Schlaf in den Bergen.

Als Rip Van Winkle in die Berge geht, ist noch der König von England, Georg III., auf dem Schild abgebildet. Als Rip Van Winkle zwanzig Jahre später aus den Bergen zurückkommt, befindet sich auf dem Schild stattdessen ein Bild von George Washington, dem ersten Präsidenten der Vereinigten Staaten. Beim Anblick des neuen Porträts ist Rip Van Winkle verblüfft, ja, vollkommen verwirrt. Er kennt diesen Mann nicht.

Das Erstaunlichste an der Erzählung ist also nicht, dass Rip zwanzig Jahre im Tiefschlaf liegt, sondern dass er eine Revolution verschläft. Während er in den Bergen friedlich vor sich hin schnarcht, findet eine Revolution statt, die den Lauf der Geschichte verändern wird. Rip bekommt nichts davon mit. Er schläft. Er verschläft eine Revolution. Man beobachtet leider nur allzu häufig, dass Menschen, die zu Zeiten gesellschaftlichen Aufbruchs leben, es versäumen, ihre bisherigen Einstellungen zu überdenken und sich den neuen Ideen zu öffnen. Damit verschlafen sie eine Revolution.

Niemand kann bestreiten, dass die Welt von heute Schauplatz einer großen Revolution ist. Es ist eine Art dreifacher Revolution, die da stattfindet. Im Zuge der Automatisierung und Computerisierung erleben wir eine technologische Revolution, durch das Aufkommen von Atomwaffen vollzieht sich eine Revolution auf dem Gebiet der Rüstungstechnik, und aufgrund des Freiheitswillens, der sich in aller Welt Bahn bricht, ist eine Menschenrechtsrevolution in vollem Gange. Wir sind in der Tat Zeitzeugen turbulenter Ereignisse. Und von weit her weht immer noch die Stimme zu uns herüber: »Siehe, ich mache alles neu!«, »Das Erste ist vergangen.«

11 Im Transkript heißt es fälschlicherweise »in the end« statt »at the Inn«; A. d. Ü.

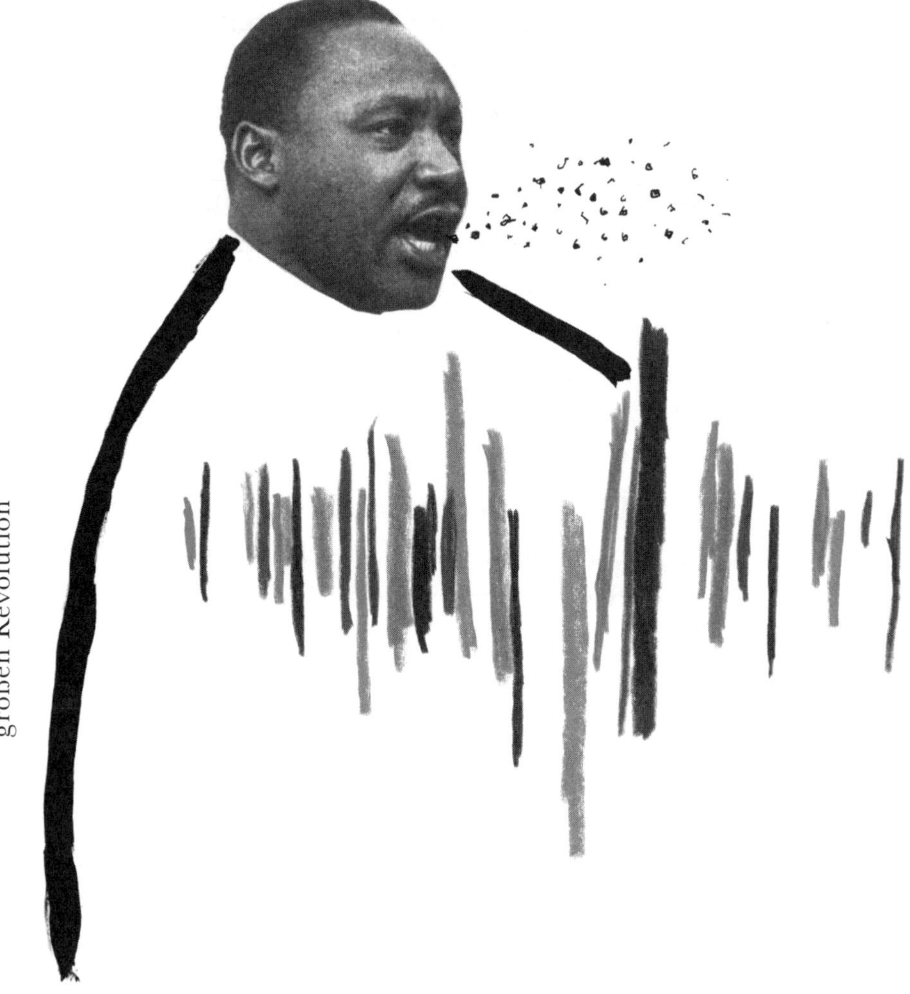

Geschichtlicher Wandel birgt immer neue Herausforderungen und neue Chancen. Den uns aus der dreifachen Revolution erwachsenen Herausforderungen möchte ich mich nun zuwenden.
Als Erstes müssen wir lernen, uns als Teil der Welt zu begreifen. Kein Mensch kann sich vollkommen gegen die Umwelt abkapseln, kein Land ohne jede Beziehung zu anderen Ländern existieren, und jeder, der meint, sein Leben ganz allein leben zu können, verschläft eine Revolution. Die Welt ist, geografisch betrachtet, eine Einheit. Aber was die Brüderlichkeit betrifft, so muss diese unsere Welt erst noch zusammenwachsen, und das ist die Aufgabe, die vor uns liegt.
Wohl wahr, die geografische Einheit der heutigen Welt verdankt sich größtenteils der Findigkeit zeitgenössischer Naturwissenschaftler. Der Mensch hat sein naturwissenschaftliches Genie in der jüngeren Vergangenheit darauf verwandt, Distanzen zusammenschrumpfen zu lassen und der Zeit Ketten anzulegen. Distanzen, für die wir früher Wochen oder gar Monate benötigt hätten, überwinden wir heute im Flugzeug binnen Minuten. Das alles beweist nur, dass die Welt ein Dorf ist.
Mit unserem naturwissenschaftlichen und technologischen Erfindergeist haben wir diese Welt in ein Dorf verwandelt, und doch haben wir das moralische Engagement vermissen lassen, das nötig wäre, damit sich in diesem Dorf ein Gefühl der Zusammengehörigkeit einstellt. Wir werden das irgendwie hinbekommen müssen. Wir alle müssen lernen, wie Brüder zusammenzuleben, andernfalls werden wir als Narren gemeinsam untergehen.
Wir sind eine Schicksalsgemeinschaft, von der sich niemand absondern kann, weil jeder auf den anderen angewiesen ist. Was den einen unmittelbar betrifft, betrifft indirekt auch alle anderen.
So seltsam es uns auch vorkommen mag: Ich werde meine Möglichkeiten nie ausschöpfen können, solange du die deinen nicht ausschöpfen kannst, und du wirst deine Möglichkeiten nie ausschöpfen können, solange ich die meinen nicht ausschöpfen

kann. So ist die Welt Gottes nun einmal beschaffen, das ist das ihr zugrundeliegende Prinzip.

John Donne hat dies vor langer Zeit erkannt und bildlich ausgedrückt: »Kein Mensch ist eine Insel in aller Abgeschiedenheit. Jeder ist mit dem Festland, dem Kontinent, verbunden.« Und weiter schrieb er: »Mit dem Tod eines jeden stirbt auch ein Teil von mir, denn zur Menschheit gehöre auch ich. So erkundige dich nicht, wem die Stunde schlägt, sie schlägt dir.« Wir müssen das begreifen, davon überzeugt sein und unser Leben danach ausrichten, wenn wir während einer großen Revolution wachbleiben wollen.

Die zweite Aufgabe, vor der wir stehen, ist die Ausrottung des Rassismus in unserem Land. Aus Rassenhass verübtes Unrecht ist – dies festzustellen komme ich heute Morgen nicht umhin – immer noch die Bürde der Schwarzen und die Schande der Weißen.

Die traurige Wahrheit ist, dass Rassismus für die überwiegende Mehrheit weißer Amerikaner ein Lebensgefühl ist. Der eine macht daraus keinen Hehl, ein anderer schon, bisweilen wird es eingestanden, ein andermal geleugnet, bei dem einen ist es bloß unterschwellig vorhanden, beim anderen weniger unterschwellig. Jedenfalls ist ein ganzes Gemeinwesen vom Rassismus durchdrungen, ja davon verseucht. Nach meinem Dafürhalten gibt es heute nichts Dringlicheres, als dass Amerika mit Leidenschaft und ohne Unterlass diese Krankheit bekämpft, die der Rassismus darstellt.

Es gilt jetzt, Zeichen zu setzen. Alle müssen ihre Mitschuld bekennen, als Individuen wie als Institutionen. Die Regierung hat sich eindeutig mitschuldig gemacht, aber auch der Einzelne hat sich mitschuldig gemacht, ja, selbst die Kirche hat sich mitschuldig gemacht.

Traurig, aber wahr: Während wir am Sonntag um 11 Uhr morgens gemeinsam das Lied anstimmen »In Christus gilt nicht Ost noch West«, befindet sich die Rassentrennung in Amerika auf ihrem Höhepunkt.

Jeder Einzelne wie auch jede öffentliche und private Institution muss sich jetzt daranmachen, dem Rassismus den Nährboden zu entziehen. Damit das gelingt, müssen wir uns bestimmte Dinge ehrlich eingestehen und gewisse Mythen abstreifen, die ständig landauf, landab verbreitet werden.

Ein solcher Mythos lautet: Kommt Zeit, kommt Rat. Es ist die Annahme, dass sich gegen den Rassenhass unserer Tage nichts ausrichten lässt. Die Schwarzen und ihre weißen Verbündeten bekommen oft zu hören: »Warum lasst ihr es nicht ein bisschen geruhsamer angehen? Prescht doch nicht gleich so weit vor. Die Zeit wird es schon richten. Seid einfach nett und freundlich, übt euch in Geduld und betet weiter, dann wird sich das Problem in ein- oder zweihundert Jahren von selbst erledigen.«

Dazu kann man nur sagen: Die Zeit ist neutral. Sie lässt sich für konstruktive wie für destruktive Zwecke einspannen. Leider bin ich zutiefst davon überzeugt, dass die böswilligen Kräfte in unserem Land, die Rechtsextremen in unserem Land – die Leute auf der falschen Seite – die Zeit sehr viel besser genutzt haben als diejenigen Kräfte, die guten Willens sind. Gut möglich, dass unsere Generation noch Buße tun muss – nicht nur für die geharnischten Reden und die Gewalttaten der Bösen, sondern auch für das eisige Schweigen und die entsetzliche Gleichgültigkeit der Guten, die herumsitzen und sagen: »Wartet's doch ab.«

Es muss sich die Erkenntnis durchsetzen, dass die Menschheit den Fortschritt nicht auf dem silbernen Tablett serviert bekommt. Wenn er sich einstellt, dann nur durch die nicht nachlassenden Bemühungen und die hartnäckige Arbeit engagierter Menschen, die willens sind, mit Gott gemeinsame Sache zu machen. Ohne derartige Anstrengungen wird die Zeit zur Verbündeten der primitiven Kräfte sozialen Stillstands. Deshalb müssen wir uns die Zeit nutzbar machen und begreifen: Für das Richtige ist die Zeit immer reif.

68

Wachbleiben während einer großen Revolution

Ein anderer Mythos, der immer noch die Runde macht, ist ein Loblied auf die Eigenverantwortung. Wenn der Schwarze die Armut und die Slumverhältnisse nicht länger ertrage, wenn er Diskriminierung und Rassentrennung leid sei, dann müsse er sich eben am Riemen reißen, heißt es. Nur er selbst könne sich aus seiner Lage befreien, das könne ihm niemand abnehmen.

Den Anhängern dieser Philosophie fällt dabei nie auf, dass keine andere ethnische Gruppe auf amerikanischem Boden versklavt wurde. Nie fällt ihnen auf, dass diese Nation die Hautfarbe des Schwarzen zu einem Stigma gemacht hat. Und nie fällt ihnen auf, dass sie einem Volk, das sie zweihundertvierundvierzig Jahre lang in Sklaverei gehalten haben, etwas schulden.

Im Jahr 1863 wurde dem Schwarzen mitgeteilt, er sei infolge der von Abraham Lincoln unterzeichneten Proklamation nunmehr frei. Ihm wurde jedoch kein Stück Land überlassen, auf dem er seine Freiheit hätte gestalten können. Es ist ein bisschen so, als hättet ihr jemanden ins Gefängnis gesperrt und ihm dann Jahre später, als ihr plötzlich seine Unschuld feststelltet, einfach nur gesagt, dass er ein freier Mann sei – ohne ihm eine Fahrkarte für den Bus zu geben, damit er in die Stadt fahren kann, ohne ihm Geld zu geben, damit er sich etwas zum Anziehen kaufen und im Leben wieder auf die Beine kommen kann.

Jedes Gericht würde dagegen aufbegehren, und doch ist es genau das, was unsere Nation dem Schwarzen angetan hat. Sie sagte ihm einfach »du bist frei« und überließ ihn dann seinem Schicksal, obwohl er keinen Penny besaß, des Lesens und Schreibens unkundig war und nicht wusste, was nun aus ihm werden sollte. Ironischerweise verabschiedete der Kongress just zu der Zeit, als dem Schwarzen die Unterstützung versagt wurde, ein Gesetz zur Landvergabe. Im Westen und Mittleren Westen wurden mehrere Millionen Morgen Land vergeben. Denn den aus Europa übergesiedelten weißen Bauern wirtschaftlich

unter die Arme zu greifen, das war ja nur recht und billig.
Was nun diese weißen Bauern betraf, so ließ es die Nation nicht bei der Landvergabe bewenden. Sie baute für sie sogar Landwirtschaftsschulen. Doch damit nicht genug. Zu Fortbildungszwecken stellte sie den Bauern sogar Berater zur Verfügung. Doch auch damit nicht genug. Später bot sie ihnen auch noch niedrige Zinssätze an, damit sie es sich leisten konnten, ihre Landwirtschaftsbetriebe zu mechanisieren. Bis zum heutigen Tag vergibt der Bund Jahr für Jahr Millionensubventionen an Tausende ebendieser Leute, damit sie nichts erzeugen. Und dabei handelt es sich oft genug um dieselben Leute, die dem Schwarzen sagen, wer aufsteigen wolle, müsse sich eben anstrengen. Appelle an die Eigenverantwortung mögen ihre Berechtigung haben, aber einem, der entkräftet darniederliegt, zu sagen, er müsse sich schon aus eigener Kraft hochziehen, das ist nichts als ein gemeiner Scherz.
Wir müssen begreifen, dass der Rassismus in unserem Land tief verwurzelt ist. Es muss sich wirklich etwas bewegen, damit wir ihn mitsamt seinen Folgen, mit all seinen Tragödien ein für alle Mal loswerden.
Ich möchte noch auf eine weitere Herausforderung zu sprechen kommen. Sie ist mit dem Rassismus eng verknüpft. Wir müssen die Armut besiegen, in unserem eigenen Land und in aller Welt. Die Armut ist wie ein Riesenkrake, der seine Fangarme um die Weiler und Dörfer der Welt gelegt und sich dort festgesaugt hat. Zwei Drittel der Menschheit werden heute Nacht hungrig schlafen gehen. Ihre Behausungen sind menschenunwürdig, ihre Nahrung ist unzureichend, ihre Kleidung schäbig. Ich habe diese Armut in Lateinamerika gesehen. Ich habe sie in Afrika gesehen. Ich habe sie in Asien gesehen.
Vor ein paar Jahren reisten meine Frau und ich in ein großartiges Land – nach Indien. Ein unvergessliches Erlebnis. Es war mir vergönnt, mit Indiens beeindruckenden Führern sowie mit Abertausenden

von Menschen in diesem riesigen Land zusammenzukommen und mit ihnen zu sprechen. Daran habe ich wunderschöne Erinnerungen, die ich mir zeitlebens bewahren werde.
Ich will euch jedoch nicht verschweigen, meine Freunde, dass es auch bedrückende Momente gab. Diese Niedergeschlagenheit, wie wollte man sie vermeiden, wenn man mit eigenen Augen sieht, dass Millionen Menschen hungrig schlafen gehen? Wie wollte man sie vermeiden, wenn man mit eigenen Augen sieht, dass Kinder Gottes sich nachts auf dem Gehsteig betten müssen? In Bombay schlafen jede Nacht mehr als eine Million Menschen auf dem Gehsteig. In Kalkutta schlafen jede Nacht mehr als sechshunderttausend Menschen auf dem Gehsteig. Sie haben kein Bett, in das sie sich legen könnten, kein Haus, in das sie gehen könnten. Wie wollte man Niedergeschlagenheit vermeiden, wenn man erfährt, dass von den mehr als fünfhundert Millionen Menschen, die die Bevölkerung Indiens ausmachen, rund vierhundertachtzig Millionen weniger als neunzig Dollar pro Jahr verdienen? Und die meisten von ihnen waren noch nie bei einem Arzt oder Zahnarzt.
Während ich diese Eindrücke in mich aufnahm, schrie etwas in mir: »Können wir in Amerika tatenlos zusehen, als ginge uns das alles nichts an?« Die Antwort lautete: »Auf keinen Fall!« Denn das Schicksal der Vereinigten Staaten ist verbunden mit dem Schicksal Indiens und dem Schicksal jeder anderen Nation. Und ich musste daran denken, dass wir in Amerika tagtäglich Millionen Dollar für die Lagerung von Lebensmittelüberschüssen ausgeben. Da sagte ich mir: »Ich weiß, wo wir diese Lebensmittel kostenlos lagern können – in den leeren Mägen jener Millionen Kinder Gottes in aller Welt, die nachts hungrig schlafen gehen.«
Es stellt sich die Frage, ob nicht allzu viel Geld aus unserer Staatskasse in die Errichtung von Militärstützpunkten rund um den Globus fließt anstatt in die Förderung von wahrer Anteilnahme und Völkerverständigung.

Und Mittellosigkeit kommt ja beileibe nicht nur im Ausland vor. Es sei daran erinnert, dass in unserem eigenen Land rund vierzig Millionen Menschen in Armut leben. Ich bin ihnen verschiedentlich begegnet: in den Gettos des Nordens, in den ländlichen Gebieten des Südens, in den Appalachen. Gerade erst kürzlich habe ich viele Landesteile bereist. Ich muss gestehen: Es gab Situationen, da habe ich mich beim Weinen ertappt.

Neulich war ich in Marks, Mississippi. Die Stadt gehört zum Quitman County,[12] dem ärmsten Bezirk der Vereinigten Staaten. Ich habe dort hunderte kleine schwarze Jungen und Mädchen gesehen, die ohne Schuhe unterwegs waren, weil sie keine haben. Ich habe gesehen, wie die Mütter und Väter dieser Kinder versuchten, ein kleines Head-Start-Programm[13] auf die Beine zu stellen, obwohl sie kein Geld hatten. Der Bund hatte keine Mittel bereitgestellt, also versuchten sie, ohne auszukommen. Sie riefen mit bescheidenem Erfolg zu Spenden auf; sie versuchten, ein paar Lebensmittel zu beschaffen, damit sie den Kindern zu essen geben konnten; sie versuchten, den Kindern ein klein wenig beizubringen.

Ich habe Mütter und Väter getroffen, die mir erzählten, sie seien nicht nur arbeitslos, sondern hätten keinerlei Einkünfte – keine Rente, keine Sozialhilfe, nichts. Ich fragte sie: »Wovon lebt ihr denn?« »Nun«, sagten sie, »wir gehen und fragen die Nachbarn, ob sie vielleicht eine Kleinigkeit übrig hätten. In der Beerensaison pflücken wir Beeren. In der Kaninchensaison gehen wir auf die Jagd und fangen ein paar Kaninchen. Das ist auch schon so ziemlich alles.«

Gerade diese Woche erst war ich in Newark und Harlem. Ich habe Mütter, die Sozialhilfe beziehen, zu Hause besucht. Ich habe gesehen, wie ihre Wohnungen ausgestattet sind: nein, nicht mit Auslegeware, sondern mit Ratten und Kakerlaken. Eine dieser Sozialhilfeempfängerinnen sagte mir während meines Besuchs: »Der Vermieter repariert hier nichts. Ich bin nun schon seit zwei Jahren hier,

12 Im Transkript heißt es fälschlicherweise »Whitman County« statt »Quitman County«; A. d. Ü.

13 Staatliches Förderprogramm für Vorschulkinder; A. d. Ü.

und er hat noch keine einzige Reparatur vorgenommen.« Sie zeigte auf ihren kleinen Jungen, der eine Bleivergiftung erlitten hatte. Sie zeigte mir, dass die Zimmerdecke herunterkam. Sie zeigte mir die Löcher, durch die die Ratten in die Wohnung gelangten. Sie sagte: »Jede Nacht müssen wir aufbleiben, um die Ratten und Kakerlaken von den Kindern fernzuhalten.« Ich fragte sie: »Wie viel Miete zahlen Sie denn hier?« Sie sagte: »Hundertfünfundzwanzig Dollar.« Als ich mich umsah, dachte ich bei mir: »Wert wäre diese Wohnung keine sechzig Dollar.« Arme Leute erhalten für ihr Geld weniger, als ihnen zusteht. Sie zahlen drauf. Ihr ganzes Wohnviertel wird jeden Tag aufs Neue ausgelaugt, ohne dass es sich je davon erholen könnte. So wird das Viertel zu einer Art Kolonie auf heimischem Boden. Und das Tragische ist: Diese vierzig Millionen Menschen bleiben oft unsichtbar, weil Amerika so reich ist. Auf unseren Schnellstraßen lassen wir das Getto schnell hinter uns, wir nehmen die Armen gar nicht wahr.

Es gibt ein Gleichnis, in dem Jesus uns von einem Mann erzählt, der zur Hölle fuhr, weil er die Armen keines Blickes würdigte. Dieser Mann war reich. Ein anderer Mann in dem Gleichnis – er hieß Lazarus – war arm. Und abgesehen davon, dass er arm war, war er auch noch krank. Sein Körper war von schwärenden Wunden übersät, und er war so schwach, dass er sich kaum rühren konnte. Dennoch schleppte er sich jeden Tag zum Anwesen des reichen Mannes, in der Hoffnung, die Brosamen zu bekommen, die von dessen Tafel fielen. Der reiche Mann aber machte keinerlei Anstalten, Lazarus zu helfen. Das Gleichnis endet damit, dass sich der reiche Mann in der Hölle wiederfindet und zwischen ihm und Lazarus »eine große Kluft« besteht.

Nichts in dem Gleichnis weist darauf hin, dass der reiche Mann wegen seines Reichtums zur Hölle fuhr. Jesus hat Reichtum nie in Bausch und Bogen verurteilt. Es stimmt zwar, dass er einmal einem jungen reichen Herrscher riet, sich von all seinen

Reichtümern zu trennen. Dabei verfuhr er jedoch wie ein Arzt, der einem Einzelnen zur Operation rät, ohne daraus eine allgemeingültige Diagnose abzuleiten. Wenn ihr euch das Gleichnis in all seiner Symbolik vor Augen führt, werdet ihr euch vielleicht daran erinnern, dass da ein Gespräch zwischen Himmel und Hölle stattfand, ein Ferngespräch zwischen Abraham im Himmel und dem reichen Mann in der Hölle.

Abraham war überaus wohlhabend. Wenn ihr euch das Alte Testament anseht, werdet ihr feststellen, dass er der reichste Mann seiner Zeit war. Es war also kein Gespräch zwischen einem reichen Mann in der Hölle und einem armen Mann im Himmel, sondern ein Gespräch zwischen einem kleinen Millionär in der Hölle und einem Multimillionär im Himmel. Der reiche Mann fuhr nicht deswegen zur Hölle, weil er reich war; er hatte seinen Reichtum bloß nie als Chance verstanden. Er hätte seinen Reichtum nutzen können, um die Kluft, die ihn von seinem Bruder Lazarus trennte, zu überbrücken. Der reiche Mann fuhr zur Hölle, weil er Lazarus, der tagein, tagaus an sein Tor kam, nie wirklich wahrnahm. Er fuhr zur Hölle, weil er es zuließ, dass sein Bruder unsichtbar wurde. Der reiche Mann fuhr zur Hölle, weil er Wichtiges für unwichtig, Unwichtiges für wichtig befand. Er fuhr zur Hölle, weil er jede Beteiligung an der Armutsbekämpfung aus Gewissensgründen ablehnte.

Und das kann auch Amerika passieren, dem reichsten Land der Welt. Gegen Reichtum an sich ist ja nichts einzuwenden. Amerika hat die Chance, die zwischen den Besitzenden und den Besitzlosen bestehende Kluft überbrücken zu helfen. Unklar ist bloß, ob es diese Chance ergreifen wird oder nicht. Armut ist nichts Neues. Neu daran ist nur, dass wir heute über genügend Techniken und Ressourcen verfügen, um die Armut aus der Welt zu schaffen. Ob wir es auch tun? Reine Willensfrage.

In ein paar Wochen werden einige von uns nach Washington kommen, um herauszufinden, ob der Wille noch lebendig ist beziehungsweise ob diese

I AM
A MAN

Nation noch imstande ist, den nötigen Willen aufzubringen. Was uns nach Washington führt, ist eine Kampagne für die Armen. Ja, wir werden sie mitbringen, die müden, armen, zusammengepferchten Massen. Wir werden diejenigen mitbringen, die seit Jahren leiden und vernachlässigt werden. Wir werden diejenigen mitbringen, die zu der Ansicht gelangt sind, dass ihr Leben nichts ist als ein langer, trostloser Flur ohne Ausgänge. Kinder werden uns begleiten, Erwachsene, alte Leute, Menschen, die in ihrem ganzen Leben noch nie beim Arzt oder Zahnarzt waren.

Um theatralisches Getue wird es uns in Washington nicht gehen. Zerstörungsabsichten hegen wir ebenso wenig. Wir werden kommen, um zu fordern, dass sich die Regierung des Armutsproblems annimmt. Irgendwo haben wir mal gelesen: »Folgende Wahrheiten erachten wir als selbstverständlich: dass alle Menschen gleich geschaffen sind; dass sie von ihrem Schöpfer mit gewissen unveräußerlichen Rechten ausgestattet sind; dass dazu Leben, Freiheit und das Streben nach Glück gehören.«[14] Wer aber keine Arbeit und keinerlei Einkünfte hat, der hat kein Leben, der ist nicht frei, und der kann auch nicht nach Glück streben – der existiert nur.

14 Unabhängigkeitserklärung der Vereinigten Staaten vom 4. Juli 1776; A. d. Ü.

Wir werden kommen, um Amerika an seine Verbindlichkeiten zu erinnern, die es einging, als es diesen ganz besonderen Schuldschein vor Jahren unterschrieb. Wir werden kommen, um mit dramatischer gewaltfreier Aktion darauf hinzuweisen, wie weit das Versprechen von seiner Einlösung entfernt ist. Wir werden kommen, um die Unsichtbaren sichtbar zu machen.

Warum so und nicht anders? Wir haben dieses Vorgehen gewählt, weil sich die Nation, wenn es um wahre Gleichheit für die Armen und die Schwarzen geht, erfahrungsgemäß erst dann bewegt, wenn sie ganz massiv und dramatisch mit dieser Frage konfrontiert wird, und dafür bedarf es eben der direkten Aktion.

Um die Dringlichkeit unseres Anliegens zu unterstreichen, können wir auf eindrucksvolle Dokumente verweisen. Vor einigen Jahren nahmen wir an der Bürgerrechtskonferenz des Weißen Hauses teil. Die damals ausgesprochenen Empfehlungen unterscheiden sich nicht von denjenigen, die wir in unserer aktuellen Kampagne auszusprechen gedenken. Denn in der Zwischenzeit ist nichts geschehen. Die Kommission zu Fragen der Technologie, der Automatisierung und des wirtschaftlichen Fortschritts, jenes Gremium, das der Präsident vor einer Weile schuf, hat die gleichen Empfehlungen ausgesprochen. Nichts ist geschehen. Selbst die Koalition, zu der sich die Bürgermeister fast aller Großstädte des Landes und führende Geschäftsleute zusammengeschlossen haben, hat die Notwendigkeit dieser Empfehlungen erkannt. Nichts ist geschehen. Vor ein paar Tagen hat die Kerner-Kommission ihren Bericht vorgelegt und detaillierte Empfehlungen ausgesprochen. Nichts ist geschehen.

Ich wage zu behaupten, dass auch weiterhin nichts geschehen wird, wenn gutwillige Menschen sich nicht gemeinsam aufbäumen. Auf die Seelenkraft, die sich im Zuge dieser Auseinandersetzung entfalten wird, auf sie wird es meiner Meinung nach ankommen.

Ja, die Armen stehen im Mittelpunkt unserer neuesten Kampagne. Denn Amerika muss sich entscheiden, wie es mit der Armut umgehen will. Letztendlich zeigt eine Nation dann Größe, wenn sie sich der Schwächsten annimmt. Amerika ist seinen Verpflichtungen gegenüber den Armen nicht nachgekommen.

Eines Tages werden wir vor Gott stehen und Zeugnis davon ablegen müssen, was wir mit unserem Leben angefangen haben. Als unsere Errungenschaften wären zu nennen: die riesigen Brücken, die übers Meer führen; die riesigen Hochhäuser, die in den Himmel ragen; die U-Boote, die bis in tiefste Meerestiefen vordringen; und noch so einige andere Erfindungen, die unser naturwissenschaftlicher und technologischer Einfallsreichtum hervorgebracht hat.

Mir ist, als hörte ich Gott zur Antwort geben:

»Das war nicht genug! Ich litt Hunger, und ihr gabt mir nichts zu essen. Ich war nackt, und ihr gabt mir nichts anzuziehen. Mir fehlte eine anständige Unterkunft, und ihr gabt mir keine. Der Eintritt ins Reich der Herrlichkeit sei euch deshalb verwehrt. Was ihr getan habt einem unter diesen meinen geringsten Brüdern, das habt ihr mir getan.« Es ist an der Zeit, dass Amerika dem Armutsproblem ins Auge sieht.

Ich möchte noch eine andere Herausforderung unserer Tage benennen. Sie besteht schlicht in der Notwendigkeit, eine Alternative zu Krieg und Blutvergießen zu finden. Jeder, der meint – und diese Ansicht ist immer noch weit verbreitet –, jeder, der meint, die gesellschaftlichen Probleme der Menschheit ließen sich durch Krieg lösen, verschläft eine große Revolution. Präsident Kennedy hat einmal gesagt: »Die Menschheit muss den Krieg abschaffen, andernfalls wird der Krieg die Menschheit abschaffen.« Die Welt muss das begreifen. Ich bete zu Gott, Amerika möge es begreifen, bevor es zu spät ist, denn wir befinden uns derzeit im Krieg.

Ich bin überzeugt, dass dieser Krieg als einer der ungerechtesten aller Zeiten in die Weltgeschichte eingehen wird. Unsere Beteiligung am Krieg in Vietnam hat das Genfer Abkommen zunichte gemacht, den militärisch-industriellen Komplex gestärkt und den reaktionären Kräften in unserem Land Auftrieb gegeben. Unserer Kriegsbeteiligung wegen kann die überwiegende Mehrheit des vietnamesischen Volkes keine Selbstbestimmung erlangen und sind wir zu Beschützern eines korrupten, den Armen feindlich gesinnten Regimes geworden.

Unserer Kriegsbeteiligung wegen liegt auch unsere Innenpolitik im Argen. An diesem heutigen Tag lassen wir uns den Tod eines jeden Vietkong-Soldaten fünfhunderttausend Dollar kosten. Rund fünfhunderttausend Dollar lassen wir es uns kosten, einen von ihnen zu töten. Aber für jemanden, der in unserem sogenannten Armutsbekämpfungs-

programm als notleidend eingestuft ist, für den haben wir pro Jahr nur dreiundfünfzig Dollar übrig. Das ist keine Armutsbekämpfung, das ist nicht mal ein Scharmützel.
Doch damit nicht genug. Unserer Kriegsbeteiligung wegen gelten wir in der Welt als arrogante Nation. Da kämpfen wir zehntausend Meilen von unserem Land entfernt angeblich für die Freiheit des vietnamesischen Volkes, obwohl wir noch nicht einmal unsere eigenen Angelegenheiten in Ordnung gebracht haben. Wir zwingen junge schwarze Männer und junge weiße Männer, in brutaler Eintracht zu kämpfen und zu töten. Aber nach ihrer Heimkehr werden sie kaum im selben Block wohnen können.
Gott sitzt heute über uns zu Gericht. Die Nähe des Abgrunds und die Dringlichkeit einer Umkehr sollten uns bewusst sein. Wir sind anderen Nationen
entfremdet, sodass wir in der Welt moralisch und politisch isoliert dastehen. Kein einziger größerer Verbündeter der Vereinigten Staaten von Amerika würde es wagen, einen Soldaten nach Vietnam zu entsenden. Mit uns befreundet sind deshalb jetzt nur noch einige Vasallenstaaten wie Taiwan, Thailand, Südkorea und noch ein paar andere.
So sieht es aus. »Die Menschheit muss den Krieg abschaffen, andernfalls wird der Krieg die Menschheit abschaffen.« Fangen wir doch damit an, dass wir den Krieg in Vietnam beenden. Denn wird er fortgeführt, ist eine Konfrontation mit China unausweichlich – und das könnte für die ganze Welt die nukleare Vernichtung bedeuten.
Meine Freunde, es geht nicht mehr darum, ob wir Gewalt ablehnen oder befürworten. Es geht nur noch darum, ob wir uns der Gewaltfreiheit verschreiben, oder ob alles Leben erlöschen soll. Die Alternative zu Abrüstung, die Alternative zu einer umfassenderen Einstellung von Atomtests, die Alternative zu einer Stärkung der Vereinten Nationen mit dem Ziel weltweiter Abrüstung, die Alternative zu alldem könnte sein, dass die Zivilisation

sich ins Verderben stürzt und unser irdischer Lebensraum sich in ein Inferno verwandelt, das selbst die Vorstellungskraft Dantes überstiege.
Deshalb war es mir ein Bedürfnis, meine Stimme gegen diesen Krieg zu erheben, und mein Möglichstes zu tun, um das Gewissen der Nation diesbezüglich wachzurütteln. Ich weiß noch, was los war, als ich anfing, mich gegen den Krieg in Vietnam auszusprechen. Die Kritiker schossen sich auf mich ein mit äußerst negativen Kommentaren, ja teilweise mit Gehässigkeiten übelster Sorte.
Einmal kam ein Reporter auf mich zu und sagte: »Dr. King, finden Sie nicht auch, dass Sie Ihre Ablehnung des Kriegs aufgeben und sich stattdessen die Position der Regierung zu eigen machen sollten? Wenn ich richtig informiert bin, hat das Budget Ihrer Organisation unter Ihrer ablehnenden Haltung gelitten, und Leute, die Ihnen früher mit Respekt begegneten, haben jede Achtung vor Ihnen verloren. Sehen Sie sich jetzt nicht gezwungen, Ihre Meinung zu ändern?« Ich sah ihn an und erwiderte: »Sie kennen mich leider schlecht. Ich bin kein Mehrheitsführer. Ob ich etwas für richtig oder falsch halte, richtet sich nicht nach dem Budget der *Southern Christian Leadership Conference*. Ich gebe keine Meinungsumfragen in Auftrag, um herauszufinden, wie die Mehrheit denkt.« Ein wahrer Führer ist nicht darauf bedacht, sich der Mehrheitsmeinung anzuschließen, sondern die Mehrheit zu überzeugen.
Es kommt vor, dass man einen bestimmten Standpunkt vertreten will und einen die Feigheit fragt: »Ist es zweckmäßig?« Dann kommt die Zweckmäßigkeit daher und will wissen: »Ist es ratsam?« Die Eitelkeit erkundigt sich: »Ist es populär?« Das Gewissen fragt: »Ist es richtig?«
Manchmal gilt es, einen Standpunkt zu vertreten, der weder ungefährlich, noch ratsam, noch populär ist, weil sich das Gewissen regt und ihn als den richtigen erkennt. Es ist jetzt an allen Menschen guten Willens, der Stimme ihres Gewissens zu folgen und die Worte des alten Gospelsongs *Ain't*

Gonna Study War No More[15] zu beherzigen. Die Menschheit muss begreifen, dass die Zeit des Kriegführens vorbei ist.

Zum Schluss will ich euch noch Folgendes sagen: Wenn wir im Kampf um Frieden und Gerechtigkeit auch schweren Zeiten entgegengehen – ich werde nicht zulassen, dass mich deswegen die Verzweiflung packt. Ich werde mir die Hoffnung bewahren. Bei unserer neuesten Kampagne, die uns nach Washington führt, haben wir wahrlich schlechte Karten, schließlich bekommen wir es im bevorstehenden Kampf mit einem Goliath zu tun. Gott gebe, dass wir ein David der Wahrheit sein werden, der antritt gegen den Goliath der Ungerechtigkeit, den Goliath der Vernachlässigung, den Goliath, der es ablehnt, die Probleme zu lösen, und dass wir unseren Weg gehen werden, entschlossen, Amerika zu dem wahrhaft großen Amerika zu machen, das es eigentlich sein sollte.

Ich sage euch: Unser Ziel ist die Freiheit, und ich bin überzeugt, dass wir sie erlangen werden. Denn so oft Amerika auch auf Irrwege geraten mag – die Freiheit ist und bleibt sein Ziel. So sehr wir als Volk auch misshandelt und verachtet werden, so sehr ist doch unser Schicksal mit dem Schicksal Amerikas verknüpft.

Als die Pilgerväter in Plymouth ankamen, waren wir schon hier. Als Jefferson die erhabenen Worte der Unabhängigkeitserklärung zu Papier brachte und Geschichte schrieb, waren wir schon hier. Als das poetische *Star Spangled Banner* entstand, waren wir schon hier.

Mehr als zwei Jahrhunderte lang haben unsere Vorfahren hier unentgeltlich geschuftet. Sie verwandelten die Baumwolle in Gold und erbauten, während sie auf übelste Weise gedemütigt und unterdrückt wurden, die Häuser ihrer Herren. Und doch war ihr Lebensmut so unerschütterlich, dass sie sich weiter entfalteten. Wenn wir uns von den unbeschreiblichen Grausamkeiten der Sklaverei nicht haben unterkriegen lassen, dann wird uns der scharfe Wind, der dieser Tage weht, auch nicht aufhalten können.

15 Auch bekannt als *Down by the Riverside*; A. d. Ü.

Wir werden unsere Freiheit erlangen. Denn das geheiligte Erbe unserer Nation hallt in unseren Forderungen ebenso wider wie der ewige Wille des allmächtigen Gottes. So finster die Zeiten auch sein mögen, so tief der Zorn auch sitzen mag, so verheerend die Explosionen auch sein mögen, nichts wird mich davon abhalten, weiterhin *We Shall Overcome* zu singen.

We shall overcome – denn die allgemeinen Moralvorstellungen neigen letzten Endes doch der Gerechtigkeit zu.

We shall overcome – denn Carlyle hat recht: »Keine Lüge hält ewig.«

We shall overcome – denn William Cullen Bryant hat recht: »Die Wahrheit lässt sich niederringen, aber der Sieg wird nie von Dauer sein.«

We shall overcome – denn James Russell Lowell hat recht. Wie wir vorhin gesungen haben:
»Die Wahrheit ewig auf dem Schafott
das Unrecht ewig auf dem Thron
doch diesem Schafott gehört die Zukunft
denn drüben im Verborgenen steht Gott
und wacht über die Seinen.«

Mit diesem Glauben wird es uns gelingen, vom Berg der Verzweiflung den Stein der Hoffnung loszuschlagen. Mit diesem Glauben wird es uns gelingen, die schrillen Missklänge unserer Nation in eine wunderschöne Sinfonie der Brüderlichkeit zu verwandeln.
Danken wir Gott für Johannes, der vor Jahrhunderten auf einer einsamen, unbekannten Insel namens Patmos ein neues Jerusalem erblickte, das Gott vom Himmel herab sandte, und der eine Stimme sagen hörte: »Siehe, ich mache alles neu!«, »Das Erste ist vergangen.«
Gott gebe, dass wir uns einsetzen für diese Erneuerung, diese im Werden begriffene Pracht. Wenn

wir es nur tun, wird ein neuer Tag anbrechen, und Gerechtigkeit, Brüderlichkeit und Frieden werden Einzug halten. Das wird der Tag sein, an dem die Morgensterne im Chor singen und die Kinder Gottes Freudenschreie ausstoßen. Gott segne euch.

Ich bin auf dem Gipfel des Berges gewesen

Ansprache in der *Mason Temple Church* in Memphis vor streikenden Müllmännern, 3. April 1968, am Abend vor Kings Ermordung

Ich freue mich über jeden von euch, der heute Abend hier ist, trotz einer ›Sturmwarnung‹. Ihr zeigt, dass ihr in jedem Fall weitermachen wollt. Es geschieht etwas in Memphis, es geschieht etwas in unserer Welt. Wisst ihr, wenn ich am Anfang der Zeit stünde und die Möglichkeit hätte, so etwas wie einen allgemeinen Überblick über die ganze Menschheitsgeschichte bis zum heutigen Tag zu gewinnen, und wenn Gott, der Allmächtige, zu mir sagen würde: »Martin Luther King, in welchem Zeitalter würdest du gern leben?«, dann würde ich meinen geistigen Lauf in Ägypten beginnen. Und ich würde Gottes Kinder beobachten bei ihrem wunderbaren Treck aus den dunklen Kerkern Ägyptens durch das Rote Meer, durch die Wüste zum Gelobten Land.

Trotz dieses großartigen Anblicks würde ich dort nicht stehenbleiben. Ich würde mich weiterbewegen und meinen Geist zum Olymp erheben. Und ich würde Plato, Aristoteles, Sokrates, Euripides und Aristophanes um den Parthenon versammelt sehen bei ihren Diskussionen über die großen und ewigen Menschheitsfragen. Aber ich würde dort nicht stehenbleiben. Ich würde mich weiterbewegen, zur Blütezeit des römischen Imperiums. Und ich würde die Entwicklungen unter den verschiedenen Imperatoren erleben. Aber ich würde dort nicht stehenbleiben. Ich würde sogar vordringen in das Zeitalter der Renaissance und einen kurzen Eindruck von den kulturellen und ästhetischen Leistungen der Renaissance erhalten. Aber ich würde dort nicht stehenbleiben. Ich würde sogar dort hingehen, wo der Mann, nach dem ich benannt worden bin, seine Heimat hatte. Und ich würde Martin Luther beobachten, wie er die 95 Thesen an die Kirchentür in Wittenberg nagelt. Aber ich würde dort nicht stehenbleiben. Ich würde vordringen zum Jahr 1863 und beobachten, wie ein unschlüssiger Präsident mit dem Namen Abraham Lincoln schließlich zu der Überzeugung gelangt, dass er die Emanzipationsproklamation unterzeichnen muss. Aber ich würde dort nicht stehenbleiben. Ich würde vordringen zu den frühen dreißiger Jahren und sehen, wie ein Mann mit dem Bankrott seiner Nation ringt. Und wie er beschwörend ausruft, dass wir nichts außer der Furcht zu fürchten haben. Aber ich würde dort nicht stehenbleiben.

So seltsam es anmuten mag: Ich würde mich an den Allmächtigen wenden und sagen: »Wenn Du mir erlaubst, nur ein paar Jahre in der zweiten Hälfte des 20. Jahrhunderts zu leben, dann bin ich glücklich.« Freilich, das ist eine seltsame Erklärung, denn die Welt ist in ziemlicher Unordnung. Unsere Nation ist krank. Unruhe ist im Land. Verwirrung überall. Es ist eine seltsame Erklärung. Aber irgendwie weiß ich, dass man nur dann, wenn es dunkel genug ist, die Sterne sehen kann. Und ich sehe Gott am Werk in diesem Abschnitt des 20. Jahrhunderts – und zwar so, dass Menschen auf seltsame Weise antworten. Es geschieht etwas in unserer Welt. Große Menschenscharen erheben sich. Wo sie auch sind – sie sind ein Zeichen. Ob sie in Johannesburg in Südafrika, Nairobi in Kenia, Accra in Ghana, New York City, Atlanta / Georgia, Jackson / Mississippi oder in Memphis / Tennessee sind – der Schrei ist stets der Gleiche: »Wir wollen frei sein!«

Ein weiterer Grund, warum ich glücklich bin, in dieser Epoche zu leben, ist dieser: Wir sind gezwungenermaßen an einen Punkt gekommen, wo wir uns mit Problemen auseinandersetzen müssen, die in der Geschichte der Menschheit schon lange existieren, zu deren Lösung aber nie ein Zwang bestand. Wenn wir überleben wollen, müssen wir sie anpacken. Die Menschen haben jahrelang über Krieg und Frieden geredet. Aber jetzt können sie nicht mehr darüber reden. Es gibt in dieser Welt keine Wahl mehr zwischen Gewalt und Gewaltlosigkeit. Es gilt: Gewaltlosigkeit oder Nicht-Existenz. Genau an diesem Punkt stehen wir heute. So auch in der Revolution, in der es um die Menschenrechte geht. Wenn nichts getan wird – und zwar schnell –, um die farbigen Völker der Welt aus ihrem seit langem bestehenden Zustand der Armut, der Kränkung und der Vernachlässigung herauszubringen, dann ist die ganze Welt zum Untergang verurteilt.

Ja, ich bin wirklich glücklich, dass Gott mir erlaubt hat, in dieser Periode zu leben, damit ich sehe, was sich schon entwickelt. Ich bin glücklich, dass er mir erlaubt hat, in Memphis zu sein. Ich kann mich erinnern, wie Schwarze – nach den Worten von Ralph Abernathy – umhergingen und sich kratzten, wo es nicht juckte, und lachten, wenn sie nicht gekitzelt wurden. Aber jene Zeit ist vorbei. Wir meinen es ernst, und wir sind entschlossen, unseren rechtmäßigen Platz in Gottes Welt zu gewinnen. Das ist es, worum es bei dieser ganzen Angelegenheit geht. Wir haben uns nicht in negativem Protest oder irgendwelchen negativen Streitereien mit irgendjemandem engagiert. Wir sagen, dass wir entschlossen sind, Mensch zu sein. Wir sind entschlossen, jemand zu sein. Wir sagen, dass wir Gottes Kinder sind. Und deshalb nicht leben müssen, wie wir gezwungen werden zu leben.

Nun, was bedeutet das alles in dieser großen Periode der Geschichte? Es bedeutet, dass wir zusammenhalten müssen. Wir müssen zusammenhalten und Einheit bewahren. Ihr wisst, immer wenn der

Pharao die Sklaverei in Ägypten verlängern wollte, hatte er ein bevorzugtes Mittel dafür. Welches? Er ließ die Sklaven untereinander streiten. Aber sobald sich die Sklaven zusammentun, geschieht etwas am Hof des Pharao, und dann kann er die Sklaverei nicht mehr aufrechterhalten. Kommen die Sklaven zusammen, dann ist das der Anfang vom Ende der Sklaverei. Deshalb lasst uns Einheit bewahren! Zweitens: Lasst uns die Probleme dort sehen, wo sie sind! Das Problem heißt: Ungerechtigkeit. Das Problem ist die Weigerung der Stadt Memphis, fair und ehrlich im Umgang mit ihren Angestellten zu sein, die in diesem Falle Müllarbeiter sind. Wir müssen unsere Aufmerksamkeit weiter auf dieses Problem richten und nicht auf die kleinen Gewaltausbrüche. Ihr wisst, was neulich passiert ist. Die Presse erwähnte nur die Zerstörung einiger Fenster. Ich habe die Zeitungsartikel gelesen. Äußerst selten gingen sie so weit zu erwähnen, dass 1300 Müllarbeiter streikten, und dass die Stadt Memphis nicht fair zu ihnen war, und dass Oberbürgermeister Loeb unbedingt einen Arzt braucht. So weit ging die Berichterstattung nicht.

Jetzt werden wir wieder marschieren. Wir müssen es, um zu zeigen, wo das Problem liegt. Um jedem vor Augen zu führen, dass hier 1300 von Gottes Kindern leiden. Manchmal sind sie hungrig, manchmal erleben sie dunkle und traurige Nächte und fragen sich, wie diese Sache ausgehen wird. Darum geht es. Und wir müssen unserer Nation sagen: Wir wissen, wie sie ausgeht. Denn wenn Menschen ergriffen sind von dem, was recht ist, und wenn sie dafür Opfer zu bringen bereit sind, dann gibt es keinen Halt kurz vor dem Sieg.

Kein Knüppel wird uns aufhalten. Wir verstehen es meisterhaft in unserer gewaltlosen Bewegung, Polizeikräfte zu entwaffnen; sie wissen nicht, was sie tun sollen. Ich habe sie so oft gesehen. Ich entsinne mich, wie wir während jenes großen Kampfes in Birmingham/Alabama jeden Tag von der Baptistischen Kirche in der 16. Straße losmarschierten, zu Hunderten zogen wir aus. Und *Bull* Connor befahl den Polizisten, die Hunde loszulassen, und sie kamen. Aber wir sangen vor den Hunden: »*I Ain't Gonna Let Nobody Turn Me Around*«. Dann befahl *Bull* Connor: »Dreht die Wasserwerfer auf!« Wie ich euch schon sagte, *Bull* Connor kannte die Geschichte nicht. Er kannte eine Art Physik, die irgendwie nicht zu der Trans-Physik passte, von der wir wussten. Es war die Tatsache, dass da ein bestimmtes Feuer war, das kein Wasser löschen konnte. Wir stellten uns den Wasserwerfern entgegen. Wir kannten Wasser. Wer zu den Baptisten oder einer verwandten Konfession gehörte, war untergetaucht worden; wer zu den Methodisten und einigen anderen Konfessionen gehörte, war besprengt worden. In jedem Fall waren wir mit Wasser vertraut. Sie konnten uns nicht aufhalten.

Wir gingen einfach auf die Hunde zu und schauten sie an, wir gingen einfach auf die Wasserwerfer zu und schauten sie an, und dabei sangen wir: »*Over My Head I See Freedom in the Air*«. Dann wurden wir in Polizeiwagen geworfen, manchmal zusammengepfercht wie Ölsardinen in einer Büchse. Und *Bull* Connor rief: »Bringt sie fort!« Das taten sie auch, während wir im Gefängniswagen weiter sangen: »*We shall overcome*«. Gelegentlich landeten wir im Gefängnis, und wir sahen, wie unsere Gebete, Worte und Lieder die Gefängniswärter bewegten, die durch die Fenster schauten. Es existierte dort eine Macht, mit der *Bull* Connor nicht fertig wurde. So verwandelten wir schließlich den »Bullen« Connor in einen jungen Ochsen und gewannen den Kampf in Birmingham.

Jetzt müssen wir in Memphis ebenso vorangehen. Ich fordere euch auf, dabei zu sein, wenn wir am Montag losmarschieren. Was die einstweilige Verfügung betrifft: Wir werden morgen früh vor Gericht gehen, um diese illegale und verfassungswidrige einstweilige Verfügung zu bekämpfen.

Wir sagen zu Amerika nicht mehr als dies: »Stehe zu dem, was du auf dem Papier versprochen hast.« Wenn ich in China oder Russland oder irgendeinem

totalitären Land lebte, dann könnte ich vielleicht diese illegalen einstweiligen Verfügungen verstehen. Dann könnte ich vielleicht die Verweigerung gewisser Grundrechte aus dem 1. Zusatz zur Verfassung verstehen, weil sie sich in jenen Ländern nicht darauf verpflichtet haben. Aber irgendwo las ich etwas von Versammlungsfreiheit, von Redefreiheit, von Pressefreiheit; irgendwo las ich, dass die Größe Amerikas in dem Recht besteht, für das Recht zu protestieren. Und deshalb sage ich: Uns werden keine Hunde oder Wasserwerfer zur Umkehr bringen, uns wird keine einstweilige Verfügung zur Umkehr bringen. Wir marschieren weiter.

Wir brauchen euch alle. Wisst ihr, ich finde es wunderbar, all diese Prediger des Evangeliums zu sehen. Es ist ein herrliches Bild. Von wem darf man mit größerem Recht erwarten, dass er die Sehnsüchte und Hoffnungen der Menschen artikuliert, als vom Prediger? Einem Prediger muss es sein wie ein brennendes Feuer, in seinem Gebein verschlossen. Und wo ihm Ungerechtigkeit begegnet, da muss er sie beim Namen nennen. In gewisser Weise muss der Prediger ein Amos sein und sagen: »Wenn Gott spricht, wer muss dann nicht prophezeien?« Wie Amos muss er sagen: »Es ströme aber wie Wasser das Recht und die Gerechtigkeit wie ein nie versiegender Bach.« In gewisser Weise muss der Prediger mit Jesus sagen: »Der Geist des Herrn ruht auf mir, denn er hat mich gesalbt. Er hat mich gesalbt, die Probleme der Armen aufzugreifen.« Ich möchte die Pastoren loben, die Führung, die diese edlen Männer bedeuten – James Lawson, der an unserem Kampf seit Jahren beteiligt ist; für diesen Kampf kam er ins Gefängnis; für diesen Kampf wurde er von der *Vanderbilt University* ausgeschlossen. Aber er macht immer noch weiter und kämpft für das Recht seiner Leute. Pastor Ralph Jackson, Pastor Billy Kyles ... Ich könnte in der Aufzählung fortfahren, aber die Zeit lässt es nicht zu. Doch ich möchte ihnen allen danken.

Ich möchte ihnen danken, weil Pastoren oft mit nichts außer mit sich selbst beschäftigt sind. Ich bin jedesmal glücklich, wenn ich Pastoren sehe, die einen sinnvollen Dienst tun.

Es ist nicht falsch, über lange weiße Gewänder im Jenseits zu reden, dies Symbol der Reinheit hat seine Berechtigung. Aber letztlich wollen die Menschen Kleider und Schuhe hier unten auf der Erde tragen. Es ist nicht falsch, über Straßen zu reden, in denen Milch und Honig fließt, aber Gott hat uns befohlen, uns um die Slums hier unten zu sorgen, und um seine Kinder, die nicht einmal drei ausreichende Mahlzeiten pro Tag erhalten. Es ist nicht falsch, über das neue Jerusalem zu reden, aber eines Tages muss ein Prediger Gottes über das neue New York, das neue Atlanta, das neue Los Angeles, das neue Philadelphia und das neue Memphis / Tennessee reden. Das ist unsere Aufgabe.

Was wir noch tun müssen, ist dies: unsere direkte Aktion mit der Macht eines wirtschaftlichen Boykotts verbinden. Zugegeben: Wir sind arme Leute. Als Individuen sind wir arm im Vergleich zu den weißen Amerikanern. Wir sind arm. Aber bleibt nicht bei dieser Erkenntnis stehen, vergesst nicht, dass wir kollektiv – d. h. wir alle zusammen – reicher sind als alle Nationen der Welt – von neun Staaten abgesehen. Habt ihr das schon gewusst? Wenn wir von den USA, der UDSSR, Großbritannien, West-Deutschland, Frankreich und einigen anderen Ländern, die ich jetzt nicht aufzählen will, absehen, dann sind wir, die amerikanischen Schwarzen in ihrer Gesamtheit, reicher als die meisten Länder der Erde. Unser jährliches Einkommen beträgt mehr als 30 Milliarden Dollar, ein Betrag, der größer ist als das Exportvolumen der USA und größer als der Staatshaushalt Kanadas. Wusstet ihr das? Das bedeutet Macht, wenn wir sie zu sammeln verstehen.

Wir brauchen uns mit niemandem zu streiten. Wir brauchen nicht zu fluchen oder böse Worte zu verlieren. Wir benötigen keine Steine und Flaschen. Wir benötigen keine Molotow-Cocktails. Wir müssen

nur zu den Geschäften und den Großindustrien in unserem Land gehen und sagen: »Gott hat uns hierher geschickt, um zu sagen, dass ihr seine Kinder nicht richtig behandelt. Ihr sollt, das fordern wir von euch, faire Behandlung der Kinder Gottes zum ersten Punkt eurer Agenda machen. Freilich, wenn ihr dazu nicht bereit seid, dann haben wir eine Agenda, der wir folgen müssen. Unsere Ordnung verlangt von uns, euch die wirtschaftliche Unterstützung zu entziehen.«
Deshalb bitten wir euch heute Abend: Geht zu euren Nachbarn und sagt ihnen, sie sollen keine *Coca Cola* in Memphis kaufen. Geht und sagt ihnen, sie sollen keine *Sealtest*-Milch kaufen. Sagt ihnen, sie sollen kein – wie heißt es doch noch? – kein *Wonder*-Brot kaufen. Und wie heißt die andere Brotmarke, Jesse? ... Sagt ihnen, sie sollen kein *Hart's*-Brot kaufen. Wie Jesse Jackson gesagt hat: Bisher haben nur die Müllarbeiter Schmerzen gefühlt, nun müssen wir die Schmerzen gleichsam neu verteilen. Wir haben diese Firmen ausgesucht, weil ihre Einstellungspraktiken diskriminierend sind. Wir haben diese Firmen ausgesucht, weil sie damit anfangen können zu erklären, dass sie für die Rechte der Streikenden eintreten werden. Außerdem können sie Oberbürgermeister Loeb veranlassen, das Richtige zu tun.

Nicht nur das: Wir müssen auch die von Schwarzen kontrollierten Institutionen stärken. Ich fordere euch auf, euer Geld aus den Banken in der Innenstadt abzuziehen und in der *Tri-State*-Bank zu deponieren. Wir streben eine *Bank-in*-Bewegung in Memphis an. Geht zur Spar- und Darlehenskasse. Ich verlange nichts von euch, was wir in der *Southern Christian Leadership Conference* nicht selbst tun. Richter Hooks und andere können euch bestätigen, dass die SCLC ein Konto bei der Spar- und Darlehenskasse hat. Wir sagen nur: Schließt euch an! Zahlt euer Geld dort ein! Es gibt sechs oder sieben Versicherungsgesellschaften hier in Memphis, die von Schwarzen kontrolliert werden. Schließt eure Versicherungen dort ab. Wir streben ein *Insurance-in* an. Das sind ein paar praktische Dinge, die wir tun können. Wir beginnen so allmählich, eine breite ökonomische Basis herzustellen. Gleichzeitig üben wir dort Druck aus, wo er wirklich spürbar ist. Ich bitte euch, lasst hier nicht nach!

Lasst mich, bevor ich meine Rede beschließe, noch dies sagen: Wir müssen diesen Kampf bis zum Ende führen! Es wäre tragisch, wenn wir zum jetzigen Zeitpunkt in Memphis aufhören würden. Wir müssen den Konflikt durchstehen bis zum Ende.

Wenn wir unseren Marsch durchführen, dann müsst ihr dabei sein. Auch wenn ihr der Arbeit oder der Schule fernbleiben müsst: Seid dabei! Kümmert euch um eure Brüder! Vielleicht gehört ihr selber nicht zu den Streikenden. Aber bedenkt: Entweder erheben wir uns gemeinsam, oder wir gehen gemeinsam unter. Lasst uns eine Art gefährlicher Selbstlosigkeit entwickeln.

Eines Tages kam ein Mann zu Jesus. Er wollte einige Fragen zu Grundproblemen des Lebens stellen. An einigen Stellen wollte er Jesus überlisten und ihm zeigen, dass er mehr wusste als Jesus, und ihn in Verlegenheit bringen. Zweifellos hätte jene Anfrage leicht in einer philosophischen oder theologischen Debatte enden können. Aber Jesus holte die Anfrage sofort aus der Höhe der Abstraktion und machte sie gleichsam fest an einer gefährlichen Kurve zwischen Jerusalem und Jericho. Und er erzählte von einem Mann, der unter die Räuber gefallen war. Wie ihr wisst, gingen ein Levit und ein Priester auf der anderen Straßenseite an ihm vorbei. Sie hielten nicht an, um ihm zu helfen. Schließlich kam ein Mann vorbei, der einer anderen Rasse angehörte. Er stieg von seinem Tier und beschloss, sich in seiner Situation nicht durch andere vertreten zu lassen. Vielmehr beugte er sich zu ihm, leistete erste Hilfe und half dem Mann in Not. Jesus beendete die Erzählung mit der Erklärung: Das war ein guter Mensch, das war ein großer Mensch, weil er es fertigbrachte, sich mit seinem

›Ich‹ in das ›Du‹ zu versetzen und sich um seinen Bruder zu sorgen.

Oft strengen wir unsere Phantasie an, um herauszufinden, warum der Levit und der Priester nicht anhielten. Manchmal vermuten wir, sie waren gerade auf dem Weg zu einer kirchlichen Versammlung und mussten weitergehen nach Jerusalem, um nicht zu spät zu kommen. Oder unsere Spekulationen beziehen sich auf jenes religiöse Gesetz, wonach »jemand, der an religiösen Zeremonien teilnehmen wollte, 24 Stunden vor der Zeremonie keinen menschlichen Körper mehr anrühren durfte«. Und gelegentlich fragen wir uns, ob sie vielleicht nach Jerusalem oder Jericho gingen, um eine »Vereinigung zur Verbesserung der Straße nach Jericho« zu organisieren. Das ist denkbar. Vielleicht waren sie der Meinung, es sei besser, das Problem bei der Wurzel zu packen, statt sich an ein einzelnes Symptom zu verlieren.

Doch lasst mich erzählen, was ich vermute: Möglicherweise hatten diese Männer Angst. Denn die Straße nach Jericho ist gefährlich. Ich entsinne mich noch der Situation, als meine Frau und ich zum ersten Mal in Jerusalem waren. Wir mieteten ein Auto und fuhren von Jerusalem hinunter nach Jericho. Als wir erst eine kurze Strecke auf der Straße gefahren waren, sagte ich zu meiner Frau: »Ich verstehe, warum Jesus diese Straße als Szenerie für das Gleichnis verwendet hat.« Es handelt sich nämlich um eine Straße mit vielen Kurven und Serpentinen. Sie lädt förmlich dazu ein, einen Hinterhalt zu errichten. Man fährt in Jerusalem los, diese Stadt liegt etwa 1200 Fuß über dem Meeresspiegel. Wenn man fünfzehn bis zwanzig Minuten später in Jericho ankommt, befindet man sich etwa 2200 Fuß unter dem Meeresspiegel. Es ist wirklich eine gefährliche Straße. Zur Zeit Jesu war sie bekannt als der »Blutpass«.

Möglicherweise schauten sich der Levit und der Priester den Mann am Boden an und fragten sich, ob die Räuber wohl noch in der Nähe wären. Oder sie waren der Meinung, der Mann auf dem Boden

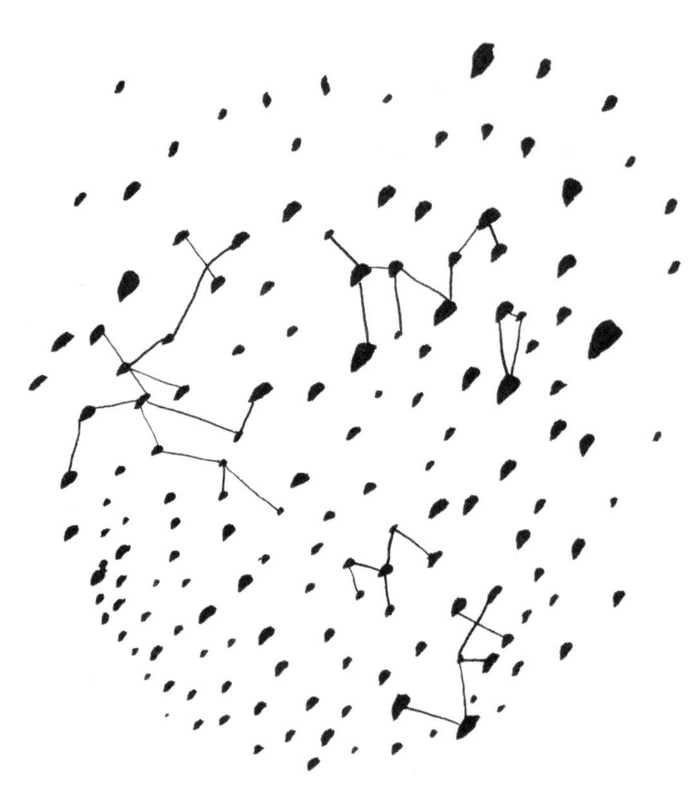

simuliere nur. Vielleicht täuschte er einen Überfall und Verletzungen vor, um sie anzulocken und dann auf einfache und schnelle Weise gefangen zu nehmen.
Deshalb war die erste Frage, die sich der Priester wie der Levit stellten: »Wenn ich anhalte, um diesem Mann zu helfen, was wird mir passieren?« Aber dann kam der barmherzige Samariter vorbei und kehrte die Frage um: »Wenn ich nicht anhalte, um diesem Mann zu helfen, was wird ihm dann passieren?« Das ist die Frage, die heute Abend vor euch steht. Nicht: »Wenn ich anhalte, um den Müllarbeitern zu helfen, was wird dann aus meiner Arbeit?« Nicht: »Wenn ich anhalte, um den Müllarbeitern zu helfen, was wird dann aus all den Stunden, die ich als Pastor normalerweise täglich und wöchentlich in meinem Büro verbringe?« Die Frage ist nicht: »Wenn ich anhalte, um diesem Mann in Not zu helfen, was wird mir passieren?« Die Frage

ist: »Wenn ich nicht anhalte, um den Müllarbeitern zu helfen, was wird ihnen passieren?« Das ist die Frage! Lasst uns heute Abend aufstehen mit einer größeren Bereitschaft.

Lasst uns aufstehen mit größerer Bestimmtheit. Lasst uns vorangehen in diesen Tagen machtvoller Herausforderung mit dem Ziel, Amerika zu dem zu machen, was es sein sollte. Wir haben die Gelegenheit, aus Amerika eine bessere Nation zu machen.

Auch heute möchte ich Gott danken für die Gelegenheit, hier bei euch zu sein. Wie ihr wisst, signierte ich vor einigen Jahren in New York City mein erstes Buch. Und während ich saß, um die Autogramme zu geben, kam eine geistesgestörte schwarze Frau auf mich zu. Ich hörte von ihr nur eine Frage: »Sind Sie Martin Luther King?« Ich schaute gerade herunter auf meine Unterschriften und sagte: »Ja.« Und in der nächsten Minute fühlte ich einen Schlag gegen meine Brust. Ehe ich mich versah, hatte mir diese Geistesgestörte einen Stich versetzt. Ich wurde so schnell wie möglich in das Harlem Hospital gebracht. Es war ein unglücklicher Samstagnachmittag. Die Klinge des Messers war weit vorgedrungen, und ihre Spitze reichte, wie die Röntgenaufnahmen zeigten, fast bis an die Aorta, die Hauptschlagader. Und wenn diese Ader durchschlagen ist, dann ertrinkt man in seinem eigenen Blut – das ist das Ende.

Die *New York Times* berichtete am nächsten Tag, dass ich gestorben wäre, wenn ich nur geniest hätte. Etwa vier Tage später, nach der Operation, nachdem die Klinge herausgenommen war, erlaubte man mir, mich im Rollstuhl innerhalb des Krankenhauses zu bewegen. Ich durfte auch einen Teil der an mich gerichteten Post lesen. Freundliche Briefe kamen aus dem ganzen Land, aus der ganzen Welt. Ich las einige, doch einen werde ich nie vergessen. Ich erhielt ein Schreiben vom Präsidenten und vom Vizepräsidenten. Ich habe den Inhalt jener Telegramme vergessen. Ich erhielt einen Besuch und einen Brief vom Gouverneur von New York, doch ich habe vergessen, was in jenem Brief stand. Aber da war noch ein anderer Brief, von einem jungen Mädchen, das die White Plains High School besuchte. Ich las jenen Brief, und ich werde ihn nie vergessen. Er lautete ganz schlicht: »Lieber Dr. King! Ich bin eine Schülerin der 9. Klasse in der White Plains High School. Es sollte zwar keine Rolle spielen, aber ich möchte doch erwähnen: Ich bin ein weißes Mädchen. In der Zeitung las ich von Ihrem Unglück und Ihrem Leiden. Ich las auch, dass Sie gestorben wären, wenn Sie hätten niesen müssen. Ich schreibe Ihnen ganz einfach deswegen, weil ich Ihnen sagen möchte: Ich bin so glücklich, dass Sie nicht niesen mussten.«

Ja, ihr sollt heute Abend wissen: Auch ich bin glücklich, dass ich nicht niesen musste. Denn: Hätte ich geniest, wäre ich 1960 nicht in diesem Gebiet gewesen, als Studenten in allen Gegenden des Südens mit *Sit-ins* an den Imbisstheken begannen. Ich wusste: Als sie diese *Sit-ins* durchführten, traten sie ein für die besten Elemente des amerikanischen Traums. Sie brachten die ganze Nation zurück zu jenen großen Brunnen der Demokratie, die von den Gründervätern in der Unabhängigkeitserklärung und in der Verfassung tief gegraben worden waren. Hätte ich geniest, wäre ich 1961 nicht hier gewesen, als wir uns zu einem *Freedom Ride* entschlossen und der Rassentrennung im Verkehr zwischen den Bundesstaaten ein Ende machten. Hätte ich geniest, wäre ich 1962 nicht hier gewesen, als die Schwarzen von Albany/Georgia sich entschlossen, den Rücken aufzurichten. Immer, wenn Männer und Frauen ihren Rücken aufrichten, dann machen sie Fortschritte. Denn niemand kann auf einem Rücken reiten, wenn er nicht gebeugt ist. Hätte ich geniest, ich wäre 1963 nicht hier gewesen, als die schwarzen Einwohner von Birmingham/Alabama das Gewissen der Nation anrührten und die Bürgerrechtsgesetzgebung auslösten. Hätte ich geniest, ich hätte später im August keine Gelegenheit gehabt, Amerika von meinem Traum zu erzählen. Hätte ich geniest, ich hätte nicht die eindrucksvolle Bewegung in Selma/Alabama miterleben können. Hätte ich geniest, ich hätte nicht gesehen, wie in Memphis eine Gemeinschaft jenen Brüdern und Schwestern zu Hilfe kommt, die leiden. Ich bin so froh, dass ich nicht niesen musste.

Und man sagte mir ... Nun, das spielt jetzt keine Rolle. Es spielt wirklich keine Rolle, was jetzt geschieht. Ich verließ Atlanta heute früh, wir waren eine Gruppe von sechs, und als der Flug begann, sagte der Pilot über den Lautsprecher: »Entschuldigen Sie bitte die Verspätung, aber wir haben Dr. Martin Luther King an Bord. Um sicherzugehen, dass alles Gepäck kontrolliert und alles an Bord in Ordnung war, mussten wir alles sorgfältig prüfen. Das Flugzeug wurde die ganze Nacht bewacht.« Und dann landete ich in Memphis. Und einige sprachen von den Drohungen, die im Umlauf waren, und von dem, was mir von einigen unserer kranken weißen Brüder widerfahren könnte.

Nun, ich weiß nicht, was jetzt geschehen wird. Schwierige Tage liegen vor uns. Aber das macht mir jetzt wirklich nichts aus. Denn ich bin auf dem Gipfel des Berges gewesen. Ich mache mir keine Sorgen. Wie jeder andere würde ich gern lange leben. Langlebigkeit hat ihren Wert. Aber darum bin ich jetzt nicht besorgt. Ich möchte nur Gottes Willen tun. Er hat mir erlaubt, auf den Berg zu steigen. Und ich habe hinübergesehen. Ich habe das Gelobte Land gesehen. Vielleicht gelange ich nicht dorthin mit euch. Aber ihr sollt heute Abend wissen, dass wir, als ein Volk, in das Gelobte Land gelangen werden. Und deshalb bin ich glücklich heute Abend. Ich mache mir keine Sorgen wegen irgendetwas. Ich fürchte niemanden. Meine Augen haben die Herrlichkeit des kommenden Herrn gesehen.

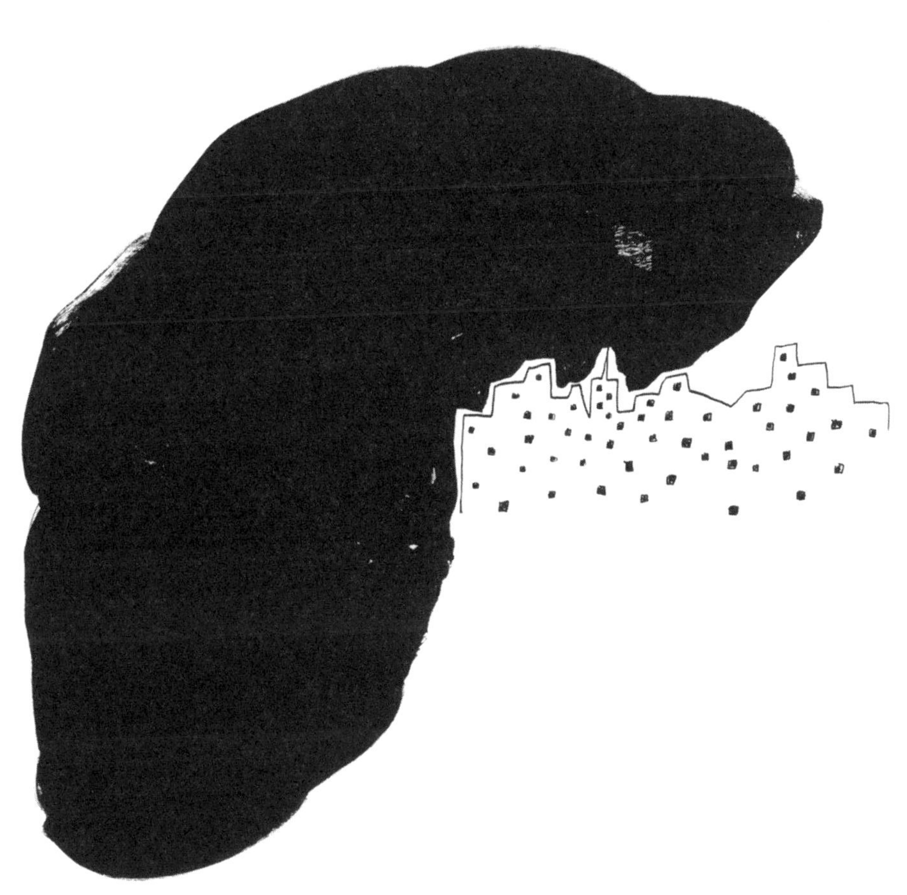

Quellennachweise

Die Krise in den Großstädten Amerikas: Eine Analyse der sozialen Unruhen und ein Aktionsprogramm gegen Armut, Diskriminierung und Rassismus im städtischen Raum (The Crisis in America's Cities. An Analysis of Social Disorder and a Plan of Action Against Poverty, Discrimination and Racism in Urban America).
Vortrag bei der *Southern Christian Leadership Conference*, Atlanta, Georgia, am 15. August 1967. Transkript unter http: //www.thekingcenter.org/archive/document/crisis-americas-cities.
Aus dem Englischen übersetzt von Maren Hackmann-Mahajan; deutsche Erstveröffentlichung.

Jugend und soziale Aktion (Youth and Social Action). Dritter Teil der *Massey Lectures* im kanadischen Rundfunk, gehalten in fünf Teilen im November und Dezember 1967; dann veröffentlicht in MARTIN LUTHER KING: *The Trumpet of Conscience*, Beacon Press, New York 1976. Deutsche Erstveröffentlichung: MARTIN LUTHER KING, *Aufruf zum zivilen Ungehorsam*, aus dem Englischen übersetzt von Rosemarie Winterberg, Econ Verlag, Düsseldorf / Wien 1969, S. 63–81.

Gewaltlosigkeit und sozialer Wandel (Nonviolence and Social Change). Vierter Teil der *Massey Lectures* im kanadischen Rundfunk, gehalten in fünf Teilen im November und Dezember 1967; dann veröffentlicht in Martin Luther King: *The Trumpet of Conscience*, Beacon Press, New York 1976. Deutsche Erstveröffentlichung: Martin Luther King, *Aufruf zum zivilen Ungehorsam*, aus dem Englischen übersetzt von Rosemarie Winterberg, Econ Verlag, Düsseldorf/Wien 1969, S.85–101.

Wachbleiben während einer großen Revolution (Remaining Awake Through a Great Revolution). Rede in der Nationalkathedrale zu Washington, 31. März 1968. Transkript unter https: //kinginstitute.stanford.edu/king-papers/publications/knock-midnight-inspiration-great-sermons-reverend-martin-luther-king-jr-10. Aus dem Englischen übersetzt von Maren Hackmann-Mahajan, deutsche Erstveröffentlichung.

Ich bin auf dem Gipfel des Berges gewesen (I've Been To The Mountain-Top). Ansprache in der *Mason Temple Church* in Memphis am 3. April 1968 vor streikenden Müllmännern, am Abend vor Kings Ermordung. Deutsche Erstveröffentlichung: Martin Luther King: *Testament der Hoffnung. Letzte Reden, Aufsätze und Predigten*, eingeleitet und übersetzt von Heinrich W. Grosse, Gütersloh 1974, S.107–117.

Die deutschen Erstübersetzungen wurden für diese Ausgabe korrigiert und behutsam modernisiert.

Edition Nautilus GmbH
Schützenstraße 49 a
D-22761 Hamburg
www.edition-nautilus.de

Gestaltung, Satz und Umschlag Nora Prinz
Illustrationen Benjamin Gages, Carina Letzas, Yuxing Li, Nora Prinz
Schriften Baskerville Semibold und Regular
Druck und Bindung Beltz Bad Langensalza

1. Auflage August 2016
ISBN 978-3-96054-021-2